Opere di Oriana Fallaci

Oriana Fallaci

La FORZA della RAGIONE

RIZZOLI
International

Prima edizione: aprile 2004
Seconda edizione: aprile 2004
Terza edizione: aprile 2004
Quarta edizione: aprile 2004
Quinta edizione: aprile 2004
Sesta edizione: aprile 2004
Settima edizione: aprile 2004

Ai morti di Madrid

«*Questo so bene: né per ripulse, né per favori, né per lodi, né per biasimi io mi rimuoverò mai dal mio proponimento*».

(*Da una lettera di* Ugo Foscolo)

PROLOGO

Uomo piccante e mordace, esperto in difficili Scienze e dai giovani colti assai amato, dall'istesso Papa Giovanni ammirato e stimato ma dai nemici invidiosi assai odiato, nel 1327 Messer Francesco da Ascoli meglio noto come Mastro Cecco scrisse un polemico saggio che chiamò «Sfera Armillare». Saggio ove parlando de' tempi suoi sostenea cose tanto malgradite all'Inquisizione quanto care al popolo savio e ai savi allievi della Scuola Filosofica da lui aperta in Firenze. E giacché ciò non piacea al Duca di Calabria che oltre ad esser Signore della città era il primogenito di Roberto d'Angiò re di Napoli, e ancor meno piacea al suo primo ministro che oltre ad essere Monaco Conventuale era vescovo d'Aversa, il reo fue arrestato. Fue portato nelle carceri fiorentine del Sant'Uffizio e assegnato a tal Fra' Accursio dell'Ordine de'

Predicatori, per apostolica incombenza Grande Inquisitore della Provincia Toscana. Da gente che non volea o non dovea o non potea intenderne le proposizioni la «Sfera Armillare» fue adunque esaminata e giudicata libro empio, profano, indecente, abbietto, contrario alla fede ortodossa, composto a suggerimento del Diavolo, infetto della più perniciosa eresia. E quale iniquo stregone Mastro Cecco venne sottoposto per vari mesi alle più rigorose torture nonché pungolato a riconoscere le sue colpe e abiurare i suoi errori. Ma invano. Ad ogni sevizia ei rispondea che non trattavasi di colpe o errori. Che quelle cose le avea dette, le avea scritte, le avea insegnate, perché eran vere e perché ci credea.

Fue così che il 20 settembre 1328 lo portarono alla Chiesa di Santa Croce per l'occasione apparata a lutto. Lo misero sopra un eminente palco a bella posta eretto e alla presenza d'un volgo innumerevole, di innumerevoli autorità, innumerevoli dottori e consultori del Sant'Uffizio, gli lessero il compendio del processo. Gli elencaron tutte le empietà del polemico saggio e di nuovo gli chiesero se volesse pentirsi, abiurare, salvare in extremis la vita. Ma di nuovo ei rifiutò. Di nuovo rispose che quelle cose le avea dette, le avea scritte, le avea insegnate perché erano vere, perché ci credea. E allora Fra' Accursio lo dichiarò eretico recidivo nonché irriducibile, una ruina per sé e per gli altri, una mala pianta da estirpare. Invocata la grazia di Dio e dello Spirito Santo lo condannò ad essere bruciato vivo assieme col malefico libretto più gli altri colpevoli scritti che avea dato alle stampe. Poi ordinò che le copie in possesso dei cittadini gli fossero tosto recapitate per venir distrutte entro quindici dì, aggiunse che chiunque le avesse tenute o financo occultate sarebbe stato colpito da scomunica nonché punito con castighi corporali spirituali pecuniari, e fece scendere il reo dal palco. Gli fece indossare il crudele sambenito ossia la veste coi diavoli dipinti. Gli fece mettere in capo una farsesca mitra a pan di zucchero e scalzo lo consegnò a Messer Jacopo da Brescia, esecutore di Giustizia e vicario del Braccio Secolare.

La sentenzia fue eseguita dopo la sfilata del corteo previsto per ogni supplizio, e si svolse fuori di Porta alla Croce ove era stato innalzato un lungo palo nonché gran quantità di legname. Sul legname, tutte le copie della «Sfera Armillare» e degli altri vo-

lumi che s'eran potuti rintracciare. Con somma intrepidezza, sdegnosamente compiangendo l'ignoranza e la bigotteria e la tartuferia e il manco della Ragione dentro cui la sua epoca vivea, Mastro Cecco si lasciò legare al palo. E in breve tempo bruciò. Si incenerì come carta assieme ai suoi libri. Ma il suo pensiero rimase.

(*Nota d'Autore.* Racconto ricostruito sulle cronache dell'«Inquisizione in Toscana» redatte dall'abate Modesto Rastrelli e nel 1782 pubblicate dall'editore Anton Giuseppe Pagani in Firenze. Il linguaggio riproduce lo stile dell'abate che a sua volta si esprimeva con termini in uso al tempo di Mastro Cecco ma validi ancor oggi. Anche i fatti, del resto, sono in sostanza gli stessi).

Sono trascorsi oltre due anni dal giorno in cui come una Cassandra che parla al vento pubblicai «La Rabbia e l'Orgoglio». Quel grido di dolore che i Fra' Accursio definirono empio, profano, indecente, abbietto, contrario alla fede ortodossa, composto a suggerimento del Diavolo, infetto della più perniciosa eresia. Quel j'accuse che m'inghiottì come la «Sfera Armillare» aveva inghiottito Mastro Cecco. (Colpevole, anche lui, d'aver detto che la Terra è rotonda. Cioè d'aver stampato le verità che l'ignoranza e la bigotteria e la tartuferia e il manco di Ragione non vogliono mai udire). Oh, a me gli sgherri del Sant'Uffizio non hanno inflitto il tipo di sevizie con cui nel 1327 e nel 1328 straziarono lui. Sebbene in piazza Santa Croce sia stata esposta a pubblico oltraggio, Messer Jacopo da Brescia non mi ha dato alle fiamme (o non ancora) assieme al malefico-libretto e agli altri miei colpevoli scritti. L'Inquisizione s'è fatta furba, si sa. Oggi dichiara d'esser contro la pena di morte, alle torture del corpo preferisce quelle dell'anima, e invece delle tenaglie o delle corde o delle mannaie usa ordigni incruenti. I giornali, la radio, la Tv, l'editoria. Invece delle carceri gestite dal Sant'Uffizio, gli stadi e le piazze e i cortei che approfittandosi della libertà uccidono la Libertà. Invece delle tonache col cappuccio, i jalabah e i chador e le tute degli arcobalenisti che si definiscono pacifisti, nonché i completi grigi e le cravatte dei loro burattinai. (Deputati, senatori, scrittori, sindacalisti, giornalisti, banchieri, accademici, prelati. I membri del Sant'Uffizio, insomma. I Fra' Accursio al servizio del Potere alleato con un anti-Potere che è il vero Potere). In parole diverse, ha cambiato volto. Ma la sua essenza è rimasta inalterata. E se scrivi che la Terra è rotonda, sta' certo: diventi subito un fuorilegge. Un Barabba, un Mastro Cecco.

So che a dirlo posso apparire ingrata. E in un certo senso lo sono. L'inferno che quel Sant'Uffizio rovesciò sulla mia «Sfera Armillare» mi ha portato anche tanto amore. Rispetto, gratitudine, amore. In Francia, ad esempio, un sito aperto con la sigla «thankyouoriana» accumulò in un anno cinquantaseimila messaggi di ringraziamento provenienti anche da paesi nei quali non ero stata tradotta nella lingua locale. Dalla Bosnia, ad esempio. Dal Marocco, dalla Nigeria, dall'Iran. (Thankyouoriana firmati soprattutto da donne mussulmane che vivono sotto il giogo della Sharia, inutile sottolinearlo). A Mosca il direttore d'una fabbrica di prodotti chimici ne fece un'abusiva traduzione (in Russia non era stato ancora pubblicato) e con questa una serie di letture ad alta voce per i suoi impiegati, i suoi operai. In America alcuni giornali mi dedicarono elogi quasi imbarazzanti. Il *New York Post* mi definì, ad esempio, «l'eccezione di un'epoca in cui onestà e chiarezza morale non sono più considerate virtù preziose». E allo stesso giornale un lettore di Miami scrisse: «Il libro della Fallaci mi ricorda lo "Step by Step" (il Passo a Passo) di Winston Churchill. Cioè l'appello col quale Churchill rimproverò all'Europa l'inerzia che mostrava verso Hitler e Mussolini». Uno di New York aggiunse: «A quel che sembra, l'unico intelletto eloquente che l'Europa abbia prodotto dacché Winston Churchill tenne il famoso discorso sulla Cortina di Ferro è la Fallaci. Il suo giudizio sull'Islam radicale è ineccepibile». Quanto alle lettere affettuose dei francesi, dei tedeschi, degli spagnoli, degli olandesi, degli ungheresi, degli scandinavi, non le conto più. E quelle degli italiani riempiono cinque scatoloni. Una, non lo dimenticherò mai, dice: «Grazie d'avermi aiutato a capire le cose che pensavo senza rendermi conto che le pensavo». Un'altra dice: «Due anni fa mi lasciai influenzare dal linciaggio che le cicale avevano sca-

15

tenato contro di Lei. Insomma Le detti torto. Ma fui ingiusto. I fatti Le hanno dato, Le danno, ragione. Ed ora anch'io brucio di rabbia e d'orgoglio». Ma ciò non mi consola. O non nella misura in cui dovrebbe. Perché se penso a chi la pensa come me, l'orizzonte s'allarga. E le vittime dell'ignoranza, della bigotteria, della tartuferia, del manco-di-Ragione diventano una moltitudine. Ben più di quante il Sant'Uffizio del passato ne sacrificò. L'Inquisizione non colpisce gli scrittori e basta. Il fraccursismo è un modo di vivere, ormai. Un modo di giudicare. E nelle cattive democrazie fiorisce con particolare facilità. In Italia, dove partorì il suo figlio prediletto e cioè il fascismo, con particolare virulenza. Guardati attorno: in ogni casa, ogni ufficio, ogni scuola, ogni fabbrica, ogni luogo di lavoro o di studio c'è un Mastro Cecco o una Mastra Cecca che in un modo o nell'altro e in una maniera o nell'altra subisce le sevizie che in questi due anni ho subito io.

Quali sevizie? Bè, elencarle mi ripugna. Rinnova la nausea e rischia di trasformare il discorso in un caso personale. Ma, se le taccio, chi non sa non capisce. Quindi, e sia pure a volo d'uccello, ecco qua. Promesse di morte, per incominciare. Urlate o sussurrate, telefonate o scritte o stampate. Quest'ultime, su lerci libelli diffusi nelle comunità islamiche e che oltre a diffamare la memoria del mio amatissimo padre (le offese ai defunti sono oltretutto proibite per legge) spronano i fratelli-mussulmani a uccidermi in nome del Corano. (Per l'esattezza, in nome di quattro versetti dai quali risulta che, prima di venir giustiziata, una cagna-infedele del mio tipo deve essere spogliata ed esposta a indicibili offese). Ributtanti articoli nei quali le diffamazioni colpiscono un altro uomo da me molto amato ed anche lui morto, Alekos Panagulis. Cocenti ingiurie pubblicate con uguale compiacimento da giornali di destra e di sinistra. «Or-Jena Fallaci», «Talibana Fallaci», «Fuck-you-Fallaci». (Su un giornale di estrema sinistra, il «Fuck-you-Fallaci» a lettere cubitali ed estese sull'intera pagina). Oscenità scritte sui muri delle strade («Oriana puttana») e sui cartelli degli arcobalenisti che si definiscono pacifisti. Striscioni dove vengo invitata a disintegrarmi col prossimo Shuttle che scoppia al rientro nell'atmosfera. Conduttori televisivi che durante la trasmissione dipingono grotteschi baffi sulla mia fotografia e poi, da veri gentiluomini, se ne vantano annunciando che domani ripeteranno l'audace gesto... Senatori e senatrici che nelle mie idee vedono un disturbo neurologico dovuto alla mia non verde età e che in puro stile bolscevico suggeriscono di chiudermi in una clinica psichiatrica. Imitatrici senza in-

17

telligenza e senza civiltà che calzando un elmetto uguale a quello da me portato in Vietnam mi danno di guerrafondaia o irridono la mia malattia con botta e risposta crudeli. «Ti venisse un cancro!». «Ce l'ho già». Spregevolezza, questa, avvenuta nel novembre del 2002 ossia quando l'anti-Potere che è il vero Potere fece la Marcia su Firenze. (Voglio dire il mussolinesco spettacolo di forza durante il quale i cosiddetti pacifisti avevan promesso di imbrattare con vernice indelebile i monumenti, le opere d'arte, sicché dalle cosiddette autorità ero riuscita a ottenere che l'accesso al Centro Storico gli fosse proibito e poi avevo scritto un articolo per invitare i fiorentini a esprimere il loro sdegno abbassando le saracinesche o chiudendo le finestre). Del resto fu proprio in quell'occasione che, seicentosettantaquattro anni dopo il rogo di Mastro Cecco, risuonò in Firenze il grido: «Bruciamo i suoi libri, facciamo un falò coi suoi libri». Fu proprio dinanzi alla basilica di Santa Croce, ed esattamente sul sagrato dove Fra' Accursio aveva letto la condanna a morte di Mastro Cecco, che fui esposta al pubblico oltraggio. Istigato, questo, da un vecchio giullare della repubblica di Salò. Cioè da un fascista rosso che prima d'essere fascista rosso era stato fascista nero quindi alleato dei nazisti che nel 1934, a Berlino, bruciavano i

libri degli avversari. Ma qui devo fare una parentesi che riguarda la parola più tradita, più offesa,
più violata del mondo. La parola «pace». Nonché la parola più riverita, più ossequiata, più glo-
rificata. La parola «guerra».

    Parentesi. Signori pacifisti, (si fa così per
dire), che cosa intendete quando parlate di pace?
Un utopistico mondo nel quale tutti si vogliono
bene come sarebbe piaciuto a Gesù che però tanto
pacifista non era? («Non crediate ch'io sia venuto
a portare la pace sulla Terra. Io non sono venuto a
portare la pace. Io sono venuto a portare una spada. Sono venuto a separare il figlio dal padre, la figlia dalla madre, la nuora dalla suocera». Vangelo
di San Matteo, capitolo 10, versi 34-35). E che cosa intendete quando parlate di guerra? Solo la
guerra fatta coi carri armati, i cannoni, gli elicotteri, i bombardieri, o anche la guerra fatta con l'e-
splosivo dei kamikaze in grado d'uccidere tremilacinquecento persone per volta? Lo chiedo anzitutto ai preti e ai prelati della Chiesa Cattolica, una
chiesa che su questa faccenda è la prima a tenere
due pesi e due misure. Che, roghi degli eretici a
parte, ci ha insozzato per secoli con le sue guerre.
Che di Papi guerrieri cioè usi ad ammazzare come
Maometto ne ha avuti a bizzeffe. E che con le sue
lacrime di coccodrillo, le sue encicliche Pacem in
Terris, ora pretende di rifarsi una verginità che

neanche i chirurghi plastici di Hollywood riuscirebbero a procurarle. Ma soprattutto lo chiedo agli ipocriti che le bandiere arcobaleno non le sventolan mai per condannare chi la guerra la fa con gli esplosivi dei kamikaze o con le bombe telecomandate dei terroristi non disposti a morire. Lo chiedo ai parolai che in buona o cattiva fede la colpa della guerra la rovesciano sugli americani e basta, sugli israeliani e basta. E che senza saperlo (perché sono pure ignoranti) plagiano l'insensatezza di Kant.

Nel 1795 Emanuele Kant pubblicò un demagogico saggio dal titolo «Progetto per la Pace Perpetua». Demagogico perché, senza alcun rispetto per la Storia dell'Uomo e pei fatti che aveva sotto gli occhi, sosteneva che a scatenare le guerre sono le monarchie e basta. Ergo, soltanto le repubbliche posson portare la pace. E proprio nel 1795 la Francia repubblicana, la Francia della Rivoluzione Francese, la Francia che aveva ghigliottinato Louis XVI e Marie Antoinette quindi abolito la monarchia, stava combattendo contro le monarchie d'Austria e di Prussia una guerra che tre anni prima lei stessa aveva dichiarato. Stava combattendo anche la guerra in Vandea cioè la fratricida vendetta che la Rivoluzione aveva scatenato contro i cattolici e i monarchici (per lo più contadini o boscaioli, bada bene) della Vandea. E a Parigi l'uomo che in nome del Liberté-Égalité-Fraternité avrebbe portato la guerra in tutte le contrade d'Europa più in Egitto più in Russia, cioè l'allora super-repubblicano Napoleone Bonaparte, debuttava per conto del Direttorio nel mestiere di generale cioè reprimeva l'insurrezione filomonarchica. Perbacco, è da allora che gli opportunisti scopiazzano il pacifismo a senso unico di Kant e intanto ricorrono alla guerra con sfacciata disinvoltura. Magari sbandierando il Sol dell'Avvenir. Perché una rivoluzione è una guerra, cari miei. Una guerra civile cioè ancor più crudele d'una guerra normale, e nella Storia dell'Uomo tutte le rivoluzioni sono state guerre civili. Tanto per andar sul recente, pensa a quella che chiamiamo Rivoluzione Russa o a quella che chiamiamo Rivoluzione Cinese. Pensa alla Guerra Civile di Spagna. Pensa alla guerra del Vietnam che in ogni senso fu una guerra civile, e chi non lo ammette è un disonesto o un cretino. Pensa alla guerra in Cambogia che fu esattamente lo stesso. Pensa alle carneficine con cui i paesi africani si autodistruggono dalla fine del colonialismo in poi. Pensa infine alla guerra civile (moralmente una guerra civile) che i servi dell'Islam hanno promosso e attualmente conducono contro l'Occidente...

Platone dice che la guerra esiste ed esisterà sempre perché nasce dalle passioni umane. Che ad essa non ci si sottrae perché è insita nella natura umana cioè nella nostra tendenza alla collera ed alla prepotenza, nella nostra ansia d'affermarci ed esercitare predominio anzi supremazia. E senza dubbio dice una cosa giusta. A pensarci bene, ogni nostro gesto è un atto di guerra. Ogni nostra azione quotidiana è una forma di guerra che esercitiamo contro qualcuno o qualcosa. La rivalità professionale e politica, ad esempio, è una forma di guerra. La contesa elettorale è una forma di guerra. La competizione in tutti i suoi aspetti è una forma di guerra. Le gare sportive sono una forma di guerra. E certi sport sono un'autentica guerra. Incluso il gioco del calcio che non ho mai amato perché guardare quei ventidue giovanotti che si ruban la palla e per rubarsela si prendono a gomitate pedate stincate, si fanno male, mi disturba profondamente. E non parlarmi del pugilato o peggio ancora del wrestling. Lo spettacolo di due uomini che si picchiano, si spaccano il naso e la bocca, si slogano le braccia e le gambe, si torcono il collo, m'inorridisce. Tuttavia Platone sbaglia a dire che la guerra nasce dalle passioni umane, che la guerra la fanno gli uomini e basta. Un leone che insegue una gazzella, la addenta alla gola, la sbrana, compie un atto di guerra. Un uccellino che piomba su un verme, lo afferra col becco, lo divora vivo, compie un atto di guerra. Un pesce che mangia un altro pesce, un insetto che mangia un altro insetto, un gamete che rincorre un altro gamete, compie un atto di guerra. E un'ortica che invade un campo di grano, lo stesso. Un'edera che avvolge un albero, lo soffoca, idem. La guerra non è una maledizione insita nella nostra natura: è una maledizione insita nella Vita. Non ci si sottrae alla guerra perché la guerra fa parte della Vita. Ciò è mostruoso, ne convengo. Così mostruoso che il mio ateismo deriva principalmente da questo. Cioè dal mio rifiuto d'accettare l'idea d'un Dio che ha inventato un mondo dove la Vita uccide la Vita, mangia la Vita. Un mondo dove per sopravvivere bisogna uccidere e mangiare altri esseri viventi, siano essi un pollo o un'arsella o un pomodoro. Se tale esigenza l'avesse concepita davvero Dio creatore, dico, si tratterebbe d'un Dio ben cattivo.

Però non credo nemmeno al masochismo del porgere l'altra guancia. E se un'ortica m'invade, se un'edera mi soffoca, se un insetto mi avvelena, se un leone mi morde, se un essere umano mi attacca, io combatto. Accetto la guerra, faccio la guerra. La faccio con l'arma che m'appartiene, che porto sempre con me, che uso senza riserve e senza timidezze, è vero. Ossia l'arma incruenta dei pensieri espressi attraverso la parola scritta, attraverso le idee e i principii che ci distinguono dagli animali e dai vegetali. Ma se questo non basta, sono pronta a farla con qualcosa di più. Cioè come facevo da ragazzina quando l'ortica invadeva il mio paese, quando l'edera lo soffocava. E nessun giullare che mi bercia addosso in piazza, nessun lanzichenecco che imbratta la mia fotografia in Tv, nessun'oca crudele che mi impersona con l'elmetto in testa e deride la mia malattia riuscirà mai ad impedirmelo. Nessun corteo di cialtroni che marciano levando cartelli su cui è scritto «Oriana-puttana» o «Fallaci-guerrafondaia» riuscirà mai a intimidirmi, a zittirmi. Nessun figlio di Allah che invita a punire-la-cagna-infedele riuscirà mai a spaventarmi, a stancarmi. Mai. Anche se sono alla sera della vita cioè non ho più l'energia fisica della gioventù. Perché è una sera che intendo vivere, bere, fino all'ultima goccia. *Parentesi chiusa.*

* * *

La lista delle sevizie (per carità anzi pietà di Patria sorvolo su quelle compiute dai numi dell'Olimpo Costituzionale che in pubblici discorsi si sono squallidamente abbassati a usare il mio cognome come aggettivo spregiativo, cioè fallaci-inganni, fallaci-illusioni) include anche il processo cui nel 2002 venni sottoposta a Parigi per razzismo, xenofobia, blasfemia, istigazione all'odio verso l'Islam. Processo, come vedremo, acceso col contributo d'una associazione ebraica a quanto pare dimentica della lotta che avevo appena scatenato contro il risorgere dell'antisemitismo... Include anche l'imperdonabile sconcezza di cui s'è macchiato il paese degli orologi e delle banche care ai tiranni, agli sceicchi, agli emiri, ai Bin Laden, agli Arafat and Company. Vale a dire la Svizzera. Quella Svizzera dove i figli di Allah sono ormai più numerosi, più potenti, più arroganti che alla Mecca, e dove a loro uso e consumo nel 1995 venne varato l'articolo 261 bis del Codice Penale. Articolo grazie a cui un immigrato mussulmano può vincere qualsiasi controversia ideologica o sindacale o privata appellandosi al razzismo religioso e alla discriminazione razziale. («Non-mi-ha-licenziato-perché-rubavo-ma-perché-sono-mussulmano». «Non-mi-ha-preso-a-pugni-perché-ho-toccato-il-sedere-di-sua-moglie-ma-perché-sono-mussulmano»). Con un poderoso dossier inviato attraverso l'Ambasciata Svizzera di Roma, infatti, nel novembre del 2002 l'Ufficio Federale della Giustizia di Berna osò chiedere allo Stato Italiano d'estradarmi o d'aprire contro di me e i miei editori un procedimento penale per i contenuti de «La Rabbia e l'Orgoglio». Procedimento da condurre in base agli articoli 261 e 261 bis del Codice Penale Elvetico, bada bene, e sollecitato da gruppi o cittadini mussulmani della Svizzera: il Centro Islamico e l'Associazione Somali di Ginevra, l'SOS Racisme di Losanna e il signor Nonsocchì di Neuchâtel. Gente secondo la quale il mio «comportamento razzista» e i miei giudizi sull'Islam anzi «le mie ingiurie» alle comunità islamiche «mettono in pericolo la pace pubblica». (Sissignori: pace pubblica).

La richiesta venne respinta tout-court dal Ministro della Giustizia Roberto Castelli il quale ricordò al collega svizzero che l'articolo 2 e in particolare l'articolo 21 della Costituzione Italiana garantiscono al cittadino italiano l'inviolabile diritto di manifestare liberamente il proprio pensiero con la parola e lo scritto. Che chiedere allo Stato Italiano di processarmi per aver manifestato le mie idee ossia la legittima espressione di critica politica e ideologica avrebbe leso un principio fondamentale della nostra Costituzione e quindi la dignità dello Stato. Però quando nel corso d'una intervista Castelli ne dette notizia, ho saputo, non pochi gentiluomini e gentildonne della cosiddetta Estrema Sinistra protestarono augurandosi che almeno in Svizzera fossi processata anzi condannata. E poiché la Svizzera ha il vizietto di processare in contumacia e all'insaputa dell'imputato, può darsi benissimo che la kafkiana faccenda sia avvenuta. Son tante, le vittime del 261 e del 261 bis. Uno per esempio è l'animalista svizzero Erwin Kessler che come Brigitte Bardot non sopporta la macellazione halal, e che per averla criticata s'è beccato due mesi di prigione senza condizionale. Un altro è l'ottantenne storico svizzero Gaston Armand Amaudruz che stampava un piccolo mensile revisionista (riveder la Storia cioè raccontarla in modo diverso dalla versione ufficiale oggi è proibito, viva la libertà) e che a causa di ciò il 10 aprile 2000 venne condannato dal Tribunale di Losanna a un anno di carcere più una violenta pena pecuniaria. Un altro è lo storico francese Robert Faurisson, ugualmente revisionista, che il 15 giugno 2001 venne processato a sua insaputa dal Tribunale di Friburgo e condannato a un mese di prigione. Anche per lui, e nonostante la tarda età, senza condizionale. Motivo, un suo articolo che pubblicato in Francia era stato ripreso da una rivista elvetica. Se a mia insaputa sono stata processata e condannata nel paese degli orologi e delle banche care ai tiranni, dunque, per finire in galera a Berna o a Losanna o a Ginevra mi basta andar a bere un caffè a Lugano. Oppure trovarmi su un aereo che per maltempo o dirottamento atterra a Zurigo. Meglio ancora, mi basta aspettare che la Svizzera entri nell'Ue e che il Parlamento Italiano approvi il Mandato d'Arresto Europeo così accettando la scorrettezza commessa dopo l'Undici Settembre dall'ineffabile Commissione Europea.

Il Mandato d'Arresto Europeo, infatti, doveva riguardare soltanto reati come il terrorismo, l'omicidio, il sequestro, lo spaccio di droga, lo sfruttamento sessuale dei bambini, la pedofilia, il traffico illecito di armi e di materiale nucleare o radioattivo. Però, vedi caso, otto giorni dopo l'Undici Settembre cioè quando ferveva il discorso sulla lotta al terrorismo, l'ineffabile Commissione Europea ci infilò anche i reati di razzismo e xenofobia e blasfemia e discriminazione razziale. Vale a dire il reato di opinione che la filoislamica Unione Europea definisce con quelle parole. Così quando il Mandato d'Arresto Europeo verrà sottoscritto dai paesi che come l'Italia non l'hanno ancora sottoscritto (ma che il Cavaliere si è impegnato a sottoscrivere e che la Sinistra è ansiosa di sottoscrivere) chiunque la pensi nel modo in cui la penso io diverrà un Mastro Cecco internazionale. Un eretico che in qualsiasi momento, ovunque si trovi, può essere arrestato come un delinquente. Arrestato e in manette estradato nel paese che su denuncia d'un mussulmano o per iniziativa d'un magistrato Politically Correct ha emesso il mandato di cattura. Estradato e (dice la norma) tenuto «in detenzione preventiva per almeno quattro mesi». Estradato e processato secondo leggi che in Europa vengono applicate con due pesi e due misure come la parola Pace. Ed ogni pretesto, sii certo, sarà buono per condannarlo. Perché se dici la tua sul Vaticano, sulla Chiesa Cattolica, sul Papa, sulla Madonna, su Gesù, sui Santi, non ti succede nulla. Ma se fai lo stesso con l'Islam, col Corano, con Maometto, coi figli di Allah, diventi razzista e xenofobo e blasfemo e compi una discriminazione razziale. Se tiri un calcio nei genitali d'un cinese o d'un esquimese o d'un finlandese che per strada t'ha sibilato oscenità, non ti succede nulla ed anzi esclamano: «Brava, ha fatto bene». Ma se nelle identiche circostanze reagisci nell'identico modo con un algerino o un marocchino o un nigeriano o un sudanese, finisci linciata. Se berci laidezze contro gli americani, se li chiami assassini-e-nemici-del-genere-umano, se bruci le loro bandiere, se metti la svastica sulle fotografie dei loro presidenti, e meglio ancora se inneggi all'Undici Settembre, non ti succede nulla. Anzi quelle laidezze sono considerate virtù. Ma se fai lo stesso contro l'Islam, finisci in galera. Se sei un occidentale e dici che la tua civiltà è una civiltà superiore, la più evoluta che questo pianeta abbia mai prodotto, vai al rogo. Ma se sei un figlio di Allah o un suo collaborazionista e dici che l'Islam è sempre stato una civiltà superiore, un faro di luce, se secondo gli insegnamenti del Corano aggiungi che i cristiani puzzano come le capre e i maiali e le scimmie e i cammelli, nessuno ti tocca. Nessuno ti denuncia. Nessuno ti processa. Nessuno ti condanna.

E va da sé che questo accade anche per la filoislamica Onu. Questa Onu di cui gli sciocchi e gli ipocriti parlano sempre con il cappello in mano cioè come se fosse una cosa seria, una mamma giusta e onesta e imparziale. («Rivolgia-moci-all'Onu». «Facciamo-intervenire-l'Onu». «Lasciamo-che-decida-l'Onu»). Questa Onu che in spregio alla Dichiarazione Universale dei Diritti dell'Uomo, testo che i paesi mussulmani non hanno mai voluto sottoscrivere, nel 1997 pubblicò la «Dichiarazione dei Diritti dell'Uomo in Islam». Documento che già nella premessa dice: «Tutti i diritti stipulati nella seguente Dichiarazione sono soggetti alla Legge Islamica, alla Sharia. Nei paesi islamici la Sharia è la sola e unica fonte di riferimento per ciò che riguarda i diritti umani». Questa Onu che attraverso la sua ambigua Commission for the Human Rights nel novembre del 1997 ospitò a Ginevra un seminario finanziato dalla Conferenza Islamica e chiamato «Prospettive Islamiche sulla Dichiarazione Universale dei Diritti Umani». Seminario che si concluse con l'invito a «estendere ovunque le prospettive islamiche sui diritti umani» nonché a ricordare «il contributo dato dall'Islam nel gettare le basi di tali diritti». (Secondo la Conferenza Islamica, diritti con cui l'Islam ha sempre guidato i popoli «per strapparli all'oscurità, illuminarli, spiegargli che bisogna sottometterci a Dio nel modo in cui dicono il Corano e la Sunna»). Questa Onu che nel 1999 censurò il Relatore Speciale della UN Commission for the Human Rights, Maurice Glèlè Ahanhanzo, perché nel suo rapporto aveva dedicato venticinque pagine all'antisemitismo diffuso nei paesi arabi e nell'Iran. Questa Onu dove l'ambasciatore del Pakistan osa affermare, mentre nessuno si oppone, che «la prima Carta sui Diritti Umani è il Corano e la prima Dichiarazione sui Diritti Umani è quella fatta da Maometto a Medina». Questa Onu che protegge sfacciatamente la sconcia dittatura esercitata dai fondamentalisti islamici in Sudan, e che al capo del Movimento di Liberazione Sudanese cioè al cristiano John Garang non ha mai permesso d'aprir bocca dinanzi a un comitato o all'Assemblea. Questa Onu che insieme all'ineffabile Unione Europea ha inventato i reati di «islamofobia» e «diffamazione dell'Islam». Non a caso anche lì ho un Fra' Accursio.

È il senegalese Doudou (leggi Dudù) Diène, già pezzo grosso dell'ex-filosovietica Unesco, il mio Fra' Accursio dell'Onu. Nel 2002 gli venne conferito il ruolo che apparteneva al censurato

Maurice Glèlè Ahanhanzo cioè quello di Relatore Speciale, e sai come lo copre tal ruolo? Cercando e segnalando alla UN Commission for the Human Rights i casi di islamofobia che «dall'Undici Settembre affliggono i mussulmani d'America e d'Europa». Continenti dove, a suo dire, «le donne i vecchi e i bambini mussulmani sono continuamente vittime di attacchi fisici o verbali quindi vivono nel terrore». Su tale calunnia ha redatto un rapporto che quest'anno presenterà alla Commission for the Human Rights di Ginevra affinché celebri un Processo Morale, e sai chi sono secondo lui i cervelli di quella persecuzione? In America, i leader delle Chiese Evangeliche che combattono lo schiavismo islamico in Sudan nonché i sessanta intellettuali che guidati da Samuel Huntington hanno firmato la lettera aperta «Per che cosa ci battiamo» più il reverendo battista Jerry Falwell che difende i Dieci Comandamenti e il signor Pat Robertson che ha fondato la Radio Cristiana Cbn. In Europa, «gli intellettuali che avversano l'immigrazione, rifiutano il pluralismo culturale, mettono sotto accusa l'Islam, sostengono che l'Islam è incompatibile con il laicismo, e che così facendo portano allo scardinamento dell'ordine internazionale». A guidar tale scardinamento, dice lui, la sottoscritta e due francesi: lo scrittore Pierre Manent e lo studioso Alain Finkielkraut. Il primo

32

perché si è dichiarato contro il dialogo con l'Islam e ha detto che i mussulmani dovrebbero stare a casa loro. Il secondo perché dopo l'uscita de «La Rabbia e l'Orgoglio» mi difese affermando che lungi dall'esser razzista quel libro costringe a guardare la realtà in faccia, rompe i tabù, esercita la libertà senza timori. Ma il rapporto è solo una piccola parte dell'autodafé scatenato dal già pezzo grosso dell'ex-filosovietica Unesco. A Ginevra, infatti, Dudù chiederà al Sant'Uffizio dell'Onu di concepire «una strategia culturale per estirpare le ideologie che diffamano l'Islam e di promuovere un convegno mondiale per controllare il modo in cui la Storia viene scritta anzi insegnata in Occidente».

* * *

Ergo, la rabbia che oltre due anni fa mi squassava non s'è placata. Semmai si è raddoppiata. L'orgoglio che oltre due anni fa m'irrigidiva non s'è affievolito. Semmai s'è approfondito. E quando un Fra' Accursio mi chiede se in ciò che scrissi allora v'è qualcosa di cui mi pento, qualcosa cui vorrei abiurare, rispondo: «Al contrario. Io mi pento soltanto d'aver detto meno di quanto avrei dovuto, e d'aver chiamato semplicemente cicale coloro che oggi chiamo collaborazionisti. Cioè traditori». Poi aggiungo che la rabbia e l'orgoglio si sono sposati e hanno partorito un figlio robusto: lo sdegno. E lo sdegno ha aumentato la riflessione, ha rinvigorito la Ragione. La Ragione ha messo a fuoco le verità che i sentimenti non avevano messo a fuoco e che oggi posso esprimere senza mezze misure. Ad esempio chiedendomi: che razza di democrazia è una democrazia che vieta il dissenso, lo punisce, lo trasforma in reato? Che razza di democrazia è una democrazia che invece di ascoltare i cittadini li zittisce, li consegna al nemico, li abbandona agli abusi e alle prepotenze? Che razza di democrazia è una democrazia che favorisce la teocrazia, ristabilisce l'eresia, sevizia e manda al rogo i suoi figli? Che razza di democrazia è una democrazia dove la minoranza conta più della maggioranza e dove, contando più della maggioranza, spadroneggia e ricatta?!? Una non-democrazia, ti dico. Un imbroglio, una menzogna. E che razza di libertà è una libertà che impedisce di pensare, parlare, andare controcorrente, ribellarsi, opporsi a chi ci invade o ci imbavaglia? Che razza di libertà è una libertà che i cittadini li fa vivere nel timore d'esser trattati anzi processati e condannati come delinquenti? Che razza di libertà è una libertà che oltre ai ragionamenti vuole censurare i sentimenti e quindi stabilire chi devo amare, chi devo odiare, sicché se odio gli americani nonché gli israeliani vado in Paradiso e se non amo i mussulmani vado all'Inferno? Una non-libertà, ti dico. Una beffa, una farsa.

Con sdegno e in nome della Ragione riprendo dunque in mano il discorso che oltre due anni fa chiusi dicendo basta-stop-basta. Con sdegno e in nome della Ragione imito Mastro Cecco, mi rendo recidiva, pubblico questa seconda «Sfera Armillare». Mentre Troia brucia. Mentre l'Europa diventa sempre di più una provincia dell'Islam, una colonia dell'Islam. E l'Italia un avamposto di quella provincia, un caposaldo di quella colonia.

CAPITOLO 1

Non mi piace dire che Troia brucia, che l'Europa è ormai una provincia anzi una colonia dell'Islam e l'Italia un avamposto di quella provincia, un caposaldo di quella colonia. Dirlo equivale ad ammettere che le Cassandre parlano davvero al vento, che nonostante le loro grida di dolore i ciechi rimangono ciechi, i sordi rimangono sordi, le coscienze svegliate si riaddormentano presto e i Mastri Cecchi muoiono per nulla. Ma la verità è proprio questa. Dallo Stretto di Gibilterra ai fiordi di Sørøy, dalle scogliere di Dover alle spiagge di Lampedusa, dalle steppe di Volgograd alle vallate della Loira e alle colline della Toscana, l'incendio divampa. In ogni nostra città v'è una seconda città. Una città sovrapposta ed uguale a quella che negli Anni Settanta i palestinesi crearono a Beirut installando uno Stato dentro lo Stato, un governo dentro il governo. Una città mussulmana, una città governata dal Corano. Una tappa dell'espansionismo islamico. Quell'espansionismo che nessuno è mai riuscito a superare. Nessuno. Neanche i persiani di Ciro il Grande. Neanche i macedoni di Alessandro Magno. Neanche i romani di Giulio Cesare. Neanche i francesi di Napoleone. Perché è l'unica arte nella quale i figli di Allah hanno sempre eccelso, l'arte di invadere conquistare soggiogare. La loro preda più ambita è sempre stata l'Europa, il mondo cristiano, e vogliamo darci un'occhiata alla Storia che il signor Dudù vorrebbe controllare cioè cancellare? Fu nel 635 d.C. cioè tre anni dopo la morte di Maometto che gli eserciti della Mezzaluna invasero la cristiana Siria e la cristiana Palestina. Fu nel 638 che si presero Gerusalemme e il Santo Sepolcro. Fu nel 640 che conquistata la Persia e l'Armenia e la Mesopotamia ossia l'attuale Iraq invasero il cristiano Egitto e dilagarono nel cristiano Maghreb cioè in Tunisia e in Algeria e in Marocco. Fu nel 668 che per la prima volta attaccarono Costantinopoli, le imposero un assedio di cinque anni. Fu nel 711 che attraversato lo Stretto di Gibilterra sbarcarono nella cattolicissima Penisola Iberica, s'impossessarono del Portogallo e della Spagna dove nonostante i Pelayo e i Cid Campeador e i vari sovrani impegnati nella Reconquista rimasero per ben otto secoli. E chi crede al mito della «pacifica convivenza» che secondo i collaborazionisti caratterizzava i rapporti tra conquistati e conquistatori farebbe bene a rileggersi le storie dei conventi e dei monasteri bruciati, delle chiese profanate, delle monache stuprate, delle donne cristiane o ebree rapite per essere chiuse negli harem. Farebbe bene a riflettere sulle crucifissioni di Cordova, sulle impiccagioni di Granada, sulle decapitazioni di Toledo e di Barcellona, di Siviglia e di Zamora. (Quelle di Siviglia, volute da Mutamid, il re che con le teste mozze adornava i giardini del suo palazzo. Quelle di Zamora, da Almanzor: il visir definito il-mecenate-dei-filosofi, il-più-grande-leader-che-la-Spagna-Islamica-abbia-mai-prodotto). Cristo! A invocare il nome di Gesù o della Madonna si finiva subito giustiziati. Crocifissi, appunto, o decapitati o impiccati. E a volte impalati. A suonare le campane, lo stesso. A indossare un indumento verde, colore dell'Islam, idem. E al passaggio d'un mussulmano i cani-infedeli dovevano farsi da parte, inchinarsi. Se il mussulmano li aggrediva o li insultava, non potevano ribellarsi. Quanto al particolare che i cani-infedeli non avessero l'obbligo di convertirsi all'Islam, sai a cosa era dovuto? Al fatto che i convertiti non pagassero le tasse. I cani-infedeli, invece, sì.

Dalla Spagna nel 721 passarono alla non meno cattolica Francia. Guidati da Abd al-Rahman, il governatore dell'Andalusia, varcarono i Pirenei, presero Narbonne. Vi massacrarono tutta la popolazione maschile, ridussero in schiavitù tutte le donne e tutti i bambini poi proseguirono per Carcassonne. Da Carcassonne passarono a Nîmes dove fecero strage di monache e frati. Da Nîmes passarono a Lione e a Digione dove razziarono ogni singola chiesa, e sai quanto durò il loro avanzare in Francia? Undici anni. A ondate. Nel 731 un'ondata di trecentottantamila fanti e sedicimila cavalieri arrivò a Bordeaux che si arrese immediatamente. Da Bordeaux si portò a Poitiers poi a Tours, e se nel 732 Carlo Martello non avesse vinto la battaglia di Poitiers-Tours oggi anche i francesi ballerebbero il flamenco. Nell'827 sbarcarono in Sicilia, altro bersaglio delle loro bramosie. Al solito massacrando e profanando conquistarono Siracusa e Taormina, Messina poi Palermo, e in tre quarti di secolo (tanti ce ne vollero per piegare la fiera resistenza dei siciliani) la islamizzarono. Vi rimasero oltre due secoli e mezzo, cioè fin quando vennero sloggiati dai Normanni, ma nell'836 sbarcarono a Brindisi. Nell'840, a Bari. E islamizzarono anche la Puglia. Nell'841 sbarcarono ad Ancona. Poi dall'Adriatico si riportarono nel Tirreno e durante l'estate dell'846 sbarcarono ad Ostia. La saccheggiarono, la incendiarono, e risalendo le foci del Tevere giunsero a Roma. La misero sotto assedio e una notte vi irruppero. Depredarono le basiliche di San Pietro e di San Paolo, saccheggiarono tutto il saccheggiabile. Per liberarsene, Papa Sergio II dovette impegnarsi a versargli un tributo annuo di 25 mila monete d'argento. Per prevenire altri attacchi, il suo successore Leone IV dovette rizzare le mura leonine.

Abbandonata Roma, però, si piazzarono in Campania. Vi restarono settant'anni distruggendo Montecassino e tormentando Salerno. Città nella quale, a un certo punto, si divertivano a sacrificare ogni notte la verginità di una monaca. Sai dove? Sull'altare della cattedrale. Nell'898, invece, sbarcarono in Provenza. Per l'esattezza, nell'odierna Saint-Tropez. Vi si stabilirono, e nel 911 varcarono le Alpi per entrare in Piemonte. Occuparono Torino e Casale, dettero fuoco alle chiese e alle biblioteche, ammazzarono migliaia di cristiani, poi passarono in Svizzera. Raggiunsero la valle dei Grigioni e il lago di Ginevra, poi scoraggiati dalla neve fecero dietro-front. Tornarono nella calda Provenza, nel 940 occuparono Tolone e... Oggi è di moda battersi il petto per le Crociate, biasimare l'Occidente per le Crociate, vedere nelle Crociate un'ingiustizia commessa ai danni dei poveri mussulmani innocenti. Ma prima d'essere una serie di spedizioni per rientrare in possesso del Santo Sepolcro, le Crociate furono la risposta a quattro secoli di invasioni occupazioni angherie carneficine. Furono una controffensiva per bloccare l'espansionismo islamico in Europa. Per deviarlo, (mors

41

tua vita mea), verso l'Oriente. Verso l'India, l'Indonesia, la Cina, il continente africano, nonché la Russia e la Siberia dove i Tartari convertiti all'Islam stavano già portando il Corano. Concluse le Crociate, infatti, i figli di Allah ripresero a seviziarci come prima e più di prima. Ad opera dei turchi, stavolta, che si accingevano a partorire l'Impero Ottomano. Un impero che fino al 1700 avrebbe condensato sull'Occidente tutta la sua ingordigia, la sua voracità, e trasformato l'Europa nel suo campo di battaglia preferito. Interpreti e portatori di quella voracità, i famosi giannizzeri che ancor oggi arricchiscono il nostro linguaggio col sinonimo di sicario o fanatico o assassino. Ma sai chi erano in realtà i giannizzeri? Le truppe scelte dell'Impero. I super-soldati capaci di immolarsi quanto di combattere, massacrare, saccheggiare. Sai dove venivano reclutati o meglio sequestrati? Nei paesi sottomessi all'Impero. In Grecia, per esempio, o in Bulgaria, in Romania, in Ungheria, in Albania, in Serbia, e a volte anche in Italia. Lungo le coste battute dai pirati. Li sequestravano all'età di dieci o undici o dodici anni, scegliendoli tra i primogeniti più belli e più forti delle buone famiglie. Dopo averli convertiti li chiudevano nelle loro caserme e qui, proibendogli di sposarsi e d'avere qualsiasi tipo di rapporto amoroso o affettivo, (incoraggiato, al contrario, lo stupro), li indottrinavano come neanche Hitler sarebbe riuscito a indottrinare le sue Waffen SS. Li trasformavano nella più formidabile macchina da guerra che il mondo avesse mai visto dal tempo degli antichi romani.

* * *

Non vorrei annoiarti con le lezioncine di Storia che con gran sollievo di Dudù nelle nostre scuole vengono accuratamente evitate, ma sia pure in modo sommario questa rinfrescata della memoria devo dartela ed ecco: nel 1356, cioè ottantaquattr'anni dopo l'Ottava Crociata, i turchi si beccarono Gallipoli cioè la penisola che per cento chilometri si estende lungo la riva settentrionale dei Dardanelli. Da lì partirono alla conquista dell'Europa sud-orientale e in un batter d'occhio invasero la Tracia, la Macedonia, l'Albania. Piegarono la Grande Serbia, e con un altro assedio di cinque anni paralizzarono Costantinopoli ormai del tutto isolata dal resto dell'Occidente. Nel 1396 si fermarono, è vero, per fronteggiare i Mongoli (a loro volta islamizzati), però nel 1430 riesumarono la marcia occupando la veneziana Salonicco. Travolgendo i cristiani a Varna nel 1444 si assicurarono il possesso della Valacchia, della Moldavia, della Transilvania, insomma dell'intero territorio che oggi si chiama Bulgaria e Romania, e nel 1453 assediarono di nuovo Costantinopoli che il 29 maggio cadde in mano a Maometto II. Una belva che in virtù dell'islamica Legge sul Fratricidio (legge che per ragioni dinastiche autorizzava un sultano ad assassinare i familiari più stretti) era salita al trono strozzando il fratellino di tre anni. E a proposito: conosci il racconto che sulla caduta di Costantinopoli ci ha lasciato lo scrivano Phrantzes? Forse no. Nell'Europa che piange soltanto per i mussulmani, mai per i cristiani o gli ebrei o i buddisti o gli induisti, non sarebbe Politically Correct conoscere i dettagli sulla caduta di Costantinopoli... Gli abitanti che al calar della sera cioè mentre Maometto II cannoneggia le mura di Teodosio si rifugiano nella cattedrale di Santa Sofia e qui si mettono a cantare i salmi, a invocare la misericordia divina. Il patriarca che a lume delle candele celebra l'ultima Messa e per rincuorare i più terrorizzati grida: «Non abbiate paura! Domani sarete nel Regno dei Cieli e i vostri nomi sopravvivranno fino alla notte dei tempi!». I bambini che piangono, le mamme che singhiozzano: «Zitto, figlio, zitto! Moriamo per la nostra fede in Gesù Cristo! Moriamo per il nostro imperatore Costantino XI, per la nostra patria!». Le truppe ottomane che suonando i tamburi entrano dalle brecce delle mura crollate, travolgono i difensori genovesi e veneziani e spagnoli, a colpi di scimitarra li massacrano tutti, poi irrompono nella cattedrale e decapitano perfino i neonati. Con le loro testine spengono i ceri... Durò dall'alba al pomeriggio, la strage. Si placò solo al momento in cui il Gran Visir salì sul pulpito di Santa Sofia e ai massacratori disse: «Riposatevi. Ora questo tempio appartiene ad Allah». Intanto la città bruciava. La soldataglia crucifiggeva e impalava. I giannizzeri violentavano e poi sgozzavano le monache (quattromila in poche ore) oppure incatenavano le persone sopravvissute per venderle al mercato di Ankara. E i cortigiani preparavano il Pranzo della Vittoria. Quel pranzo durante il quale (in barba al Profeta) Maometto II si ubriacò con i vini di Cipro, e avendo un debole pei giovinetti si fece portare il primogenito del granduca greco-ortodosso Notaras. Un quattordicenne noto per la sua bellezza. Dinanzi a tutti lo stuprò, e dopo averlo stuprato si fece portare gli altri Notaras. I suoi genitori, i suoi nonni, i suoi zii, i suoi cugini. Dinanzi a lui li decapitò. Uno ad uno. Fece anche distruggere tutti gli altari, fondere tutte le campane, trasformare tutte le chiese in moschee o bazaar. Eh, sì. Fu a questo modo che Costantinopoli divenne Istambul. Che i Fra' Accursio dell'Onu vogliano sentirselo dire o no.

Tre anni dopo e cioè nel 1456 conquistarono Atene dove, di nuovo, Maometto II trasformò in moschee tutte le chiese e gli antichi edifici. Con la conquista di Atene completarono l'invasione della Grecia che avrebbero tenuto cioè rovinato per ben quattrocento anni, quindi attaccarono la Repubblica di Venezia che nel 1476 se li ritrovò anche dentro il Friuli poi nella vallata dell'Isonzo. E ciò che accadde il secolo successivo non è meno agghiacciante. Perché nel 1512 sul trono dell'Impero Ottomano salì Selim il Sanguinario. Sempre in virtù della Legge sul Fratricidio ci salì strozzando due fratelli più cinque nipoti più vari califfi nonché un numero imprecisato di visir, e da tal individuo nacque colui che voleva fare lo Stato Islamico d'Europa: Solimano il Magnifico. Appena incoronato, infatti, il Magnifico allestì un'armata di quasi quattrocentomila uomini e trentamila cammelli più quarantamila cavalli e trecento cannoni. Dalla ormai islamizzata Romania nel 1526 si portò nella cattolica Ungheria e nonostante l'eroismo dei difensori ne disintegrò l'esercito in meno di quarantotto ore. Poi raggiunse Buda, oggi Budapest. La dette alle fiamme, completò l'occupazione, e indovina quanti ungheresi (uomini e donne e bambini) finirono subito al mercato degli schiavi che ora caratterizzava Istambul. Centomila. Indovina quanti finirono, l'anno seguente, nei mercati che competevano con quello di Istambul cioè nei bazaar di Damasco e di Bagdad e del Cairo e di Algeri. Tre milioni. Ma neanche questo gli bastò. Per realizzar lo Stato Islamico d'Europa, infatti, allestì una seconda armata con altri quattrocento cannoni e nel 1529 dall'Ungheria si portò in Austria. L'ultracattolica Austria che ormai veniva considerata il baluardo della Cristianità. Non riuscì a conquistarla, d'accordo. Dopo cinque settimane di inutili assalti preferì ritirarsi. Ma ritirandosi massacrò trentamila contadini che non gli meritava di vendere a Istambul o a Damasco o a Bagdad o al Cairo o ad Algeri perché il prezzo degli schiavi era troppo calato a causa di quei tre milioni e centomila ungheresi, e appena rientrato affidò la riforma della flotta al famoso pirata Khayr al-Din detto il Barbarossa. La riforma gli consentì di rendere il Mediterraneo un feudo acqueo dell'Islam sicché, dopo aver spento una congiura di palazzo facendo strangolare il primo e il secondo figlio più i loro sei bambini cioè i suoi nipotini, nel 1565 si buttò sulla roccaforte cristiana di Malta. E non servì a nulla che nel 1566 morisse d'infarto cardiaco.

Non servì perché al trono ci salì il suo terzo figlio. Noto, lui, non con l'appellativo di Magnifico bensì di Ubriacone. E fu proprio sotto Selim l'Ubriacone che nel 1571 il generale Lala Mustafa conquistò la cristianissima Cipro. Qui commise una delle infamie più vergognose di cui la cosiddetta Cultura-Superiore si sia mai infangata. Il martirio del patrizio veneziano Marcantonio Bragadino, governatore dell'isola. Come lo storico Paul Fregosi ci racconta nel suo straordinario libro «Jihad», dopo aver firmato la resa Bragadino si recò infatti da Lala Mustafa per discutere i termini della futura pace. Ed essendo uomo ligio alla forma vi si recò in gran pompa. Cioè a cavallo d'un destriero squisitamente bardato, indossando la toga viola del Senato, nonché scortato da quaranta archibugieri in alta uniforme e dal bellissimo paggio Antonio Quirini (il figlio dell'ammiraglio Quirini) che gli teneva sul capo un prezioso parasole. Ma di pace non si parlò davvero. Perché in base al piano già stabilito i giannizzeri sequestraron subito il paggio Antonio per chiuderlo nel serraglio di Lala Mustafa che i giovinetti li deflorava ancor più volentieri di Maometto II, poi circondarono i quaranta archibugieri e a colpi di scimitarra li fecero a pezzi. Letteralmente a pezzi. Infine disarcionarono Bragadino, seduta stante gli tagliarono il naso poi le orecchie e così mutilato lo costrinsero a inginocchiarsi dinanzi al vincitore che lo condannò ad essere spellato vivo. L'esecuzione avvenne tredici giorni dopo, alla presenza di tutti i ciprioti cui era stato ingiunto d'assistere. Mentre i giannizzeri schernivano il suo volto senza naso e senza orecchie Bragadino dovette far ripetutamente il giro della città trascinando sacchi di spazzatura, nonché leccar la terra ogni volta che passava dinanzi a Lala Mustafa. Morì mentre lo spellavano. E con la sua cute imbottita di paglia Lala Mustafa ordinò di fabbricare un fantoccio che messo a cavalcioni d'una vacca girò un'altra volta intorno alla città quindi venne issato sul pennone principale della nave ammiraglia. A gloria dell'Islam.

Del resto non servì nemmeno che il 7 ottobre dello stesso anno i veneziani furibondi ed alleati con la Spagna, il papato, Genova, Firenze, Torino, Parma, Mantova, Lucca, Ferrara, Urbino e Malta sconfiggessero la flotta di Alì Pascià nella battaglia navale di Lepanto. Ormai l'Impero Ottomano era arrivato all'apice della potenza, e coi sultani successivi l'attacco al continente europeo proseguì indisturbato. Arrivò sino alla Polonia dove le sue orde entrarono ben due volte: nel 1621 e nel 1672. Il loro sogno di stabilire lo Stato Islamico d'Europa si sarebbe bloccato soltanto nel 1683 quando il Gran Visir Kara Mustafa mise insieme mezzo milione di soldati, mille cannoni, quarantamila cavalli, ventimila cammelli, ventimila elefanti, ventimila bufali, ventimila muli, ventimila tra vacche e tori, diecimila tra pecore e capre, nonché centomila sacchi di granturco, cinquantamila sacchi di caffè, un centinaio tra mogli e concubine, e accompagnato da tutta quella roba entrò di nuovo in Austria. Rizzando un immenso accampamento (venticinquemila tende più la sua, munita di struzzi e di fontane) di nuovo mise Vienna sotto assedio. Il fatto è che a quel tempo gli europei erano più intelligenti di quanto lo siano oggi, ed esclusi i francesi del Re Sole (che col nemico aveva firmato un trattato di alleanza ma agli austriaci aveva promesso di non attaccare) tutti corsero a difendere la città considerata il baluardo del Cristianesimo. Tutti. Inglesi, spagnoli, tedeschi, ucraini, polacchi, genovesi, veneziani, toscani, piemontesi, papalini. Il 12 settembre riportarono la straordinaria vittoria che costrinse Kara Mustafa a fuggire abbandonando anche i cammelli, gli elefanti, le mogli, le concubine sgozzate, e...

Guarda, l'attuale invasione dell'Europa non è che un altro aspetto di quell'espansionismo. Più subdolo, però. Più infido. Perché a caratterizzarlo stavolta non sono i Kara Mustafa e i Lala Mustafa e gli Alì Pascià e i Solimano il Magnifico e i giannizzeri. O meglio: non sono soltanto i Bin Laden, i Saddam Hussein, gli Arafat, gli sceicchi Yassin, i terroristi che saltano in aria coi grattacieli o gli autobus. Sono anche gli immigrati che s'installano a casa nostra, e che senza alcun rispetto per le nostre leggi ci impongono le loro idee. Le loro usanze, il loro Dio. Sai quanti di loro vivono nel continente europeo cioè nel tratto che va dalla costa Atlantica alla catena degli Urali? Circa cinquantatré milioni. Dentro l'Unione Europea, circa diciotto. (Ma c'è chi dice venti). Fuori dell'Unione Europea, dunque, trentacinque. Il che include la Svizzera dove sono oltre il dieci per cento della popolazione, la Russia dove sono il dieci e mezzo per cento, la Georgia dove sono il dodici per cento, l'isola di Malta dove sono il tredici per cento, la Bulgaria dove sono il quindici per cento. E il diciotto a Cipro, il diciannove in Serbia, il trenta in Macedonia, il sessanta in Bosnia-Erzegovina, il novanta in Albania, il novantatré e mezzo in Azerbaigian. Scarseggiano soltanto in Portogallo dove sono lo 0,50 per cento, in Ucraina dove sono lo 0,45 per cento, in Lettonia dove sono lo 0,38 per cento, in Slovacchia dove sono lo 0,19 per cento, in Lituania dove sono lo 0,14 per cento. E in Islanda dove sono lo 0,04 per cento. Beati gli islandesi. Però ovunque (anche in Islanda) aumentano a vista d'occhio. E non solo perché l'invasione procede in maniera implacabile ma perché i mussulmani costituiscono il gruppo etnico e religioso più prolifico del mondo. Caratteristica favorita dalla poligamia e dal fatto che in una donna il Corano veda anzitutto un ventre per partorire.

*   *   *

Si rischia la morte civile, a toccar questo'argomento. Nell'Europa soggiogata il tema della fertilità islamica è un tabù che nessuno osa sfidare. Se ci provi, finisci dritto in tribunale per razzismo-xenofobia-blasfemia. Non a caso tra i capi d'accusa del processo che subii a Parigi v'era una frase (brutale, ne convengo, ma esatta) con cui m'ero tradotta in francese. «Ils se multiplient comme les rats. Si riproducono come topi». Ma nessun processo liberticida potrà mai negare ciò di cui essi stessi si vantano. Ossia il fatto che nell'ultimo mezzo secolo i mussulmani siano cresciuti del 235 per cento. (I cristiani solo del 47 per cento). Che nel 1996 fossero un miliardo e 483 milioni. Nel 2001, un miliardo e 624 milioni. Nel 2002, un miliardo e 657 milioni. (Del 2003 mancano ancora i dati ma suppongo che al ritmo di trentatré milioni per anno siano diventati almeno un miliardo e 690 milioni). Nessun giudice liberticida potrà mai ignorare i dati, forniti dall'Onu, che ai mussulmani attribuiscono un tasso di crescita oscillante tra il 4,60 e il 6,40 per cento all'anno. (I cristiani, solo l'1 e 40 per cento). Per crederci basta ricordare che le regioni più densamente popolate dell'ex-Unione Sovietica sono quelle mussulmane, incominciando dalla Cecenia. Che negli Anni Sessanta i mussulmani del Kossovo erano il 60 per cento. Negli Anni Novanta, il 90 per cento. Ed oggi, il cento per cento. Nessuna legge liberticida potrà mai smentire che proprio grazie a quella travolgente fertilità negli Anni Settanta e Ottanta gli sciiti abbiano potuto impossessarsi di Beirut, spodestare la maggioranza cristiano-maronita. Tantomeno potrà negare che nell'Unione Europea i neonati mussulmani siano ogni anno il dieci per cento, che a Bruxelles raggiungano il trenta per cento, a Marsiglia il sessanta per cento, e che in varie città italiane la percentuale stia salendo drammaticamente. Sicché nel 2015 gli attuali cinquecentomila nipotini di Allah saranno, in Italia, almeno un milione. Ma, soprattutto, basta ricordare ciò che Boumedienne (dal quale Ben Bella era stato destituito con un colpo di Stato tre anni dopo l'indipendenza dell'Algeria) disse nel 1974 dinanzi all'Assemblea delle Nazioni Unite: «Un giorno milioni di uomini abbandoneranno l'emisfero sud per irrompere nell'emisfero nord. E non certo da amici. Perché vi irromperanno per conquistarlo. E lo conquisteranno popolandolo coi loro figli. Sarà il ventre delle nostre donne a darci la vittoria».

Non disse una cosa nuova. Tantomeno una cosa geniale. La Politica del Ventre cioè la strategia di esportare esseri umani e farli figliare in abbondanza è sempre stato il sistema più semplice e più sicuro per impossessarsi di un territorio, dominare un paese, sostituirsi a un popolo o soggiogarlo. E dall'Ottavo Secolo in poi l'espansionismo islamico s'è sempre svolto all'ombra di questa strategia. Non di rado, attraverso lo stupro o il concubinaggio. Pensa a quel che i suoi guerrieri e le sue truppe di occupazione facevano in Andalusia, in Albania, in Serbia, in Moldavia, in Bulgaria, in Romania, in Ungheria, in Russia. Ed anche in Sicilia, in Sardegna, in Puglia, in Provenza. Anche in Kashmir, in India. Per non parlar dell'Africa. Incominciando dall'Egitto e dall'intero Maghreb. Però con la decadenza dell'Impero Ottomano la Politica del Ventre aveva perso brio, e il discorso di Boumedienne fu come uno squillo di tromba che scuote gli immemori. Lo stesso anno, infatti, l'Organizzazione della Conferenza Islamica chiuse il convegno di Lahore con una delibera che includeva il progetto di trasformare il flusso degli immigrati nel continente europeo (a quel tempo un flusso modesto) in «preponderanza demografica». Ed oggi quel progetto è un precetto. In tutte le moschee d'Europa la preghiera del venerdì è accompagnata dall'esortazione che pungola le donne mussulmane a «partorire almeno cinque figli ciascuna». Bè, cinque figli non sono pochi. Nel caso dell'immigrato con due mogli, diventano dieci.

O almeno dieci. Nel caso dell'immigrato con tre mogli, diventano quindici. O almeno quindici. E non dirmi che da noi la poligamia è proibita, sennò il mio sdegno cresce e ti rammento che se sei un bigamo italiano o francese o inglese eccetera vai dritto in galera. Ma se sei un bigamo algerino o marocchino o pakistano o sudanese o senegalese eccetera, nessuno ti torce un capello.

Nel 1993 la Francia emanò una legge che bandiva l'immigrazione dei poligami e autorizzava l'espulsione di quelli che erano già entrati e quindi vivevano con più mogli. Ma i maccabei del Politically Correct e i terzomondisti del vittimismo si misero a strillare in nome dei Diritti-Umani e della Pluralità-Etnico-Religiosa. Accusarono i legislatori di intolleranza, razzismo, xenofobia, neo-colonialismo, ed oggi in Francia gli immigrati poligami li trovi ovunque. Nel resto dell'Europa, idem. Compresa l'Italia dove l'articolo 556 del Codice Penale punisce i rei col carcere fino a cinque anni, e dove non s'è mai visto un processo o un'espulsione per poligamia. Io so di un maghrebino che in Toscana vive con due o tre mogli e una dozzina di bambini. (Il numero dei bambini è incerto perché ogni poco ne nasce uno. Il numero delle mogli, perché non escono mai insieme ed oltre al chador portano il nikab cioè la mascherina che copre il volto fino alla radice del naso sicché con quella sembrano tutte uguali). Un giorno chiesi a un funzionario della Questura per quale motivo al maghrebino fosse consentito di infrangere l'articolo 556. E la risposta fu: «Per motivi di ordine pubblico». Circonlocuzione che tradotta in parole semplici significa: «Per non farcelo nemico, per non irritare i suoi connazionali e i loro favoreggiatori». E che, tradotta in parole oneste, vuol dire: «Per paura».

* * *

Eh, sì. L'Europa che brucia ha rigenerato la malattia che il secolo scorso rese fascisti anche gli italiani non fascisti, nazisti anche i tedeschi non nazisti, bolscevichi anche i russi non bolscevichi. E che ora rende traditori anche coloro che non vorrebbero esserlo: la paura. È una malattia mortale, la paura. Una malattia che nutrita di opportunismo, conformismo, voltagabbanismo, carrierismo, e naturalmente vigliaccheria, miete più vittime del cancro. Una malattia che al contrario del cancro è contagiosa e colpisce chiunque si trovi sulla sua strada. Buoni e cattivi, stupidi e intelligenti, farabutti e galantuomini. Ho visto cose terribili, in questi due anni, a causa della paura. Cose assai più terribili di quelle che ho visto alla guerra dove nella paura si vive e si muore. Ho visto leader che posavano a rodomonti e che per paura hanno alzato bandiera bianca. Ho visto liberali che si definivano paladini del laicismo e che per paura hanno preso a cantar lodi del Corano. Ho visto amici o presunti amici che sia pure con cautela s'erano schierati con me e che per paura hanno fatto dietro-front, si sono autocensurati. Ma la cosa più terribile che ho visto è stata la paura di chi dovrebbe proteggere la libertà di pensiero e di parola. Cioè la paura delle cosiddette istituzioni e della stampa.

La scorsa estate a Firenze don Roberto Tassi, il parroco di Santa Maria de' Ricci (la chiesetta di via del Corso dove Dante conobbe Beatrice), affisse due commoventi cartelli. Uno dinanzi all'altar maggiore che diceva: «Salve, o Croce, unica nostra speranza! Qui voglion distruggerci tutti!». Uno sul sagrato che insieme all'immagine delle Due Torri in procinto di disintegrarsi offriva un sillogismo perfetto: «L'Islam è teocrazia. La teocrazia nega la democrazia. Ergo, l'Islam è contro la democrazia». Don Tassi lo usava per spiegare che nelle mani di una teocrazia la religione serve solo a tenerci nell'ignoranza, privarci della conoscenza, assassinarci l'intelletto. E qualsiasi persona civile avrebbe dovuto ringraziarlo in ginocchio. Non capita tutti i giorni di trovare un prete al quale i principii laici stanno più a cuore del credo cattolico. Ma guidati da un no-global francese uso a spadroneggiare in casa altrui, gli arcobalenisti lo sottoposero a ogni sorta di ricatti e dileggi. Lo costrinsero a togliere i cartelli, e questo senza che una sola voce si levasse a sua difesa. Quanto alla stampa, bè. Un quotidiano romano riportò la notizia col titolo: «Crociata contro l'Islam». Uno fiorentino, con quello: «Basta col parroco anti-Islam». Infatti nel sogno che i figli di Allah coltivano da tanti anni, il sogno di far saltare in aria la Torre di Giotto o la Torre di Pisa o la cupola di San Pietro o la Tour Eiffel o l'Abbazia di Westminster o la cattedrale di Colonia e via dicendo, io vedo anzitutto una stoltezza. Che senso avrebbe distruggere i tesori d'una provincia che ormai gli appartiene? Una provincia dove il Corano è il nuovo Das Kapital, Maometto il nuovo Karl Marx, Bin Laden il nuovo Lenin, e l'Undici Settembre la nuova presa della Bastiglia?

CAPITOLO 2

Che il sogno di distruggere la Tour Eiffel fosse anzitutto una stoltezza io lo compresi nella tarda primavera del 2002, cioè quando «La Rabbia e l'Orgoglio» uscì in Francia dove un romanziere era stato appena incriminato per aver detto che il Corano è il libro più stupido e pericoloso del mondo. E dove (quale razzista-xenofoba-blasfema-eccetera) nel 1997 poi nel 1998 poi nel 2000 poi nel 2001 Brigitte Bardot era stata condannata per aver scritto o detto quel che non si stanca mai di ripetere, povera Brigitte. Che i mussulmani le hanno rubato la patria, che perfino nei villaggi più remoti le chiese francesi sono state sostituite dalle moschee e i Pater Noster dai berci dei muezzin, che la tolleranza ha un limite anche in regime di democrazia, che la macellazione halal è una barbarie... (A proposito: lo è. Lo è, mi dispiace dirlo, nella misura in cui lo è la macellazione shechitah. Cioè quella ebraica che avviene nell'identico modo e consiste nello sgozzare gli animali senza stordirli, quindi nel farli morire a poco a poco. Lentissimamente, dissanguati.

Se non ci credi, vai in un mattatoio shechitah o halal e osserva quell'agonia che non finisce mai. Che accompagnata da occhiate strazianti si conclude soltanto quando l'agnello o il vitello non hanno più una goccia di sangue. Così a quel punto la carne è «pura», bella bianca, pura...).

Lo compresi, insomma, ancor prima d'esser incriminata come il romanziere e Brigitte Bardot. Perché sai chi fu il primo ad ammucchiare la legna per il mio rogo? Lo stesso settimanale parigino al quale l'editore aveva concesso gli estratti da pubblicare in anteprima. E sai come l'ammucchiò, quella legna? Pubblicando, a fianco del mio testo, le requisitorie dei Fra' Accursio francesi. Giornalisti, psicanalisti, islamisti, filosofi anzi pseudofilosofi, politologi, tuttologi. (Non di rado, con nomi arabi. Talvolta, con nomi ebrei). Sai chi dette fuoco al rogo? Il periodico di estrema sinistra che mi dedicò una copertina col titolo (naturalmente a caratteri cubitali) dell'articolo-condanna: «Anatomie d'un Livre Abject. Anatomia d'un Libro Abbietto». Sai cosa accadde subito dopo? Accadde che, sebbene il libro-abbietto andasse a ruba in ogni libreria, molti figli di Allah pretesero che fosse tolto sia dalle vetrine sia dagli scaffali, e molti librai impauriti furon costretti a venderlo di nascosto. Quanto al processo, non scattò soltanto per la denuncia presentata dai mussulmani del

«Mrap» cioè del Mouvement contre le Racisme et pour l'Amitié entre les Peuples (sic), ma anche per quella presentata dagli ebrei della «Licra». Ligue Internationale contre le Racisme et l'Antisémitisme. I mussulmani del «Mrap», chiedendo che ogni copia venisse sequestrata e (suppongo) bruciata. Gli ebrei della «Licra», chiedendo che ciascuna portasse la scritta: «Attenzione! Questo libro può essere nocivo alla vostra salute mentale!». Ossia un monito simile a quello che deturpa i pacchetti delle sigarette: «Attenzione, il tabacco nuoce gravemente alla salute». Entrambi, chiedendo che venissi condannata a un anno di carcere e a un saporito risarcimento-danni da versare nelle loro tasche... Non venni condannata, si sa. Un difetto di procedura mi salvò dal carcere, dal risarcimento-danni, dal sequestro, dal monito uguale a quello che deturpa i pacchetti delle sigarette. Con notevole raziocinio, inoltre, il giudice ricordò che la prima edizione s'era esaurita in meno di quarantott'ore, che quelle seguenti si vendevano in modo irrefrenabile, quindi accogliere una delle due richieste sarebbe stato come chiuder la stalla dopo che sono scappati i buoi. Ma questo non cancellò il fatto che gli ebrei della «Licra» avessero voluto quel processo quanto i mussulmani del «Mrap». Infatti non facevo che tormentarmene, in quei giorni. Non facevo che scuotere la testa, ripetere:

non-capisco, non-capisco. E in realtà capire era difficile. Il mio j'accuse contro l'antisemitismo lo conoscevano bene, i Fra' Accursio della «Licra». Anche in Francia esso aveva sollevato tumulto, e anche in seguito a quel tumulto s'era aperto il sito «thankyouoriana»... Altrettanto bene sapevano che proprio per questo le minacce alla mia vita s'erano moltiplicate. E ancor oggi non li perdono. Ma in certo senso, oggi, li capisco.

Li capisco perché, anche se i tuoi nonni sono morti a Dachau o a Mauthausen, non è facile aver coraggio in un paese dove esistono più di tremila moschee. Dove il razzismo islamico cioè l'odio per i cani-infedeli regna sovrano e non viene mai processato, mai punito. Dove i mussulmani dichiarano apertamente: «Dobbiamo approfittare dello spazio democratico che la Francia ci offre, dobbiamo sfruttare la democrazia cioè servircene per occupar territorio». Dove non pochi di loro aggiungono: «In Europa il discorso nazista non fu compreso. O non da tutti. Fu giudicato un veicolo di follia omicida, e invece Hitler era un grand'uomo». Dove non pochi vorrebbero abolire l'articolo della Costituzione Francese che dal 1905 separa rigorosamente la Chiesa dallo Stato e con quell'articolo tutte le leggi che proibiscono la poligamia, il ripudio della moglie, il proselitismo religioso nelle scuole. Dove dieci anni fa una ragazza franco-turca di Colmar venne lapidata dalla sua famiglia ossia dalla madre e dai fratelli e dagli zii perché s'era innamorata d'un cattolico e voleva sposarlo. («Meglio morta che disonorata» fu il commento di quella famiglia). Dove nel novembre del 2001, quindi appena due mesi dopo l'Undici Settembre, una studentessa franco-marocchina di Galeria, Corsica, venne giustiziata con ventiquattro coltellate dal padre perché stava per sposare un còrso, cattolico anche lui. («Meglio ergastolano che disonorato» fu il commento di tanto padre). Dove già nel 1994 lo stilista della Maison Chanel dovette chiedere ufficialmente scusa alle comunità mussulmane nonché distruggere decine di bellissimi abiti perché nella collezione estiva aveva usato stoffe ricamate o stampate coi decorativi versetti del Corano in arabo. Dove di recente è stato ingiunto a un contadino di toglier la croce che teneva in un campo di grano (un campo che gli appartiene) perché «la vista di quel simbolo religioso causa tensioni fra i mussulmani». Dove l'arroganza islamica vorrebbe abolir nelle scuole i testi «blasfemi» di Voltaire e Victor Hugo. Con quei testi blasfemi l'insegnamento della biologia, scienza «inverecónda perché si occupa del corpo umano e del sesso». Con l'insegnamento della biologia le lezioni di ginnastica e di nuoto, sport che non si può fare col burkah o col chador.

Tantomeno è facile essere eroi in un paese dove, spesso, i mussulmani non sono l'ufficiale dieci-per-cento bensì il trenta o addirittura il cinquanta per cento. Se non ci credi, vai a Lione o a Lille o a Roubaix o a Bordeaux o a Rouen o a Limoges o a Nizza o a Tolosa e meglio ancora a Marsiglia che in sostanza non è più una città francese. È una città araba, una città maghrebina. Vacci e guarda il centralissimo quartiere di Bellevue Pyat, ormai un bassofondo di sporcizia e di delinquenza, una casbah dove il venerdì non puoi neanche camminare lungo le strade perché la grande moschea non basta a contenere i fedeli e molti pregano all'aperto. E dove i poliziotti rifiutano d'avventurarsi dicendo: «C'est trop dangereux, è troppo pericoloso». Vacci e guarda la famosa Rue du Bon Pasteur dove tutte le donne sono velate, tutti gli uomini portano il jalabah e la barba lunga e il turbante, e in più oziano dalla mattina alla sera nei caffè con la televisione che trasmette programmi in arabo. Vacci e guarda il Collège Edgard Quinet dove il novantacinque per cento degli scolari sono mussulmani e dove l'anno scorso una quindicenne di nome Nyma venne bastonata dai suoi compagni di classe e poi buttata dentro un bidone di spazzatura perché indossava i blue-jeans. Nel bidone rischiò anche di venir bruciata. Dico «rischiò» perché venne salvata dal preside della scuola, Jean Pellegrini, che per questo si beccò due pugnalate. (Sai tirate da chi? Dal fratello di Nyma). Sì che li capisco, gli ingrati signori della «Licra», sì che li capisco. Il collaborazionismo nasce quasi sempre dalla paura. Però il loro caso mi ricorda quello dei banchieri ebrei tedeschi che negli Anni Trenta, sperando di salvarsi, prestavano i soldi a Hitler. E che, nonostante questo, finirono nei forni crematori. Detto ciò, passiamo all'Abbazia di Westminster.

* * *

Che il sogno di distruggere l'Abbazia di Westminster fosse un'altra stoltezza lo compresi invece nella primavera del 2003 cioè quando il *Times* di Londra pubblicò l'articolo nel quale mi scagliavo contro l'antiamericanismo degli europei e al tempo stesso esprimevo i miei dubbi sull'opportunità di muover guerra a Saddam Hussein. Facciamo questa guerra per liberare l'Iraq, dicevano Bush e Blair. La facciamo per portare la libertà e la democrazia in Iraq come al tempo di Hitler e di Mussolini la portammo in Europa poi in Giappone. E a un certo punto il mio articolo obbiettava: vi sbagliate. Io gli iracheni li lascerei bollire nel loro brodo. Perché la libertà e la democrazia non sono due pezzi di cioccolata da regalare a chi non la conosce e non vuole conoscerla, a chi non la mangia e non vuole mangiarla. In Europa l'operazione riuscì perché in Europa i due pezzi di cioccolata erano un cibo che conoscevamo bene, un patrimonio che ci eravamo costruito e avevamo perduto e che volevamo ritrovare. In Giappone riuscì perché, nonostante i ferrei legami con l'autoritarismo, la marcia verso il progresso il Giappone l'aveva già incominciata nella seconda metà del 1800. I due pezzi di cioccolata era pronto a mangiarli. A capirli e a mangiarli. La libertà e la democrazia, cari miei, bisogna volerle. E per volerle bisogna sapere che cosa sono, capirne i concetti. Al novantacinque per cento, i mussulmani rifiutano la libertà e la democrazia non solo perché non sanno di che cosa si tratta ma perché, se glielo spieghi, non capiscono. Sono concetti troppo opposti a quelli su cui si basa il totalitarismo teocratico. Troppo estranei al tessuto ideologico dell'Islam. In quel tessuto ideologico è Dio che comanda, non gli uomini. È Dio che decide il destino degli uomini, non gli uomini stessi. Un Dio che non lascia posto alla scelta, al raziocinio, al ragionamento. Un Dio per il quale gli uomini non sono nemmeno figli: sono sudditi, schiavi. Signor Bush, signor Blair, credete davvero che a Bagdad gli iracheni accoglieranno le vostre truppe come sessant'anni fa noi le accogliemmo nelle città europee cioè con baci e abbracci, fiori ed applausi?!? Ed anche se ciò accadesse, (a Bagdad può succeder di tutto), che accadrà dopo? Oltre due terzi degli iracheni che nelle ultime «elezioni» dettero a Saddam Hussein il «cento per cento» dei voti sono sciiti che sognano di instaurare una Repubblica Islamica dell'Iraq ossia un regime sul modello del regime iraniano. Così vi chiedo: e se invece di scoprire il concetto di libertà, invece di capire il concetto di democrazia, l'Iraq diventasse un secondo Afghanistan anzi un secondo Vietnam? Peggio. E se invece di lasciarvi installare la Pax Americana cioè una pace bene o male basata sul concetto di libertà e di democrazia, quell'ipotetico secondo Vietnam si allargasse e l'intero Medioriente saltasse in aria? Dalla Turchia all'India, con un'inarrestabile reazione a catena...

In quell'articolo esprimevo anche il timore che George Bush junior si assumesse un simile rischio per esaudire una filiale promessa fatta al tempo della guerra nel Golfo, cioè quando Saddam Hussein aveva tentato d'assassinare George Bush senior. («Babbo, se divento presidente anch'io, ti vendico. Metto in ginocchio quel boia, gliela faccio pagare. Lo giuro sulla Bibbia»). E sebbene si trattasse d'un articolo molto lungo, il *Times* di Londra lo pubblicò con molto rilievo. Lo stesso con cui lo avevano pubblicato negli Stati

Uniti e in Italia e in altri paesi d'Europa. Ma, contrariamente agli Stati Uniti e all'Italia e agli altri paesi d'Europa, lo fece riparandosi dietro l'usbergo della «par-condicio». Cioè dietro l'ipocrisia anzi la tartuferia con cui oggi si neutralizza ogni presa di posizione, si contrabbanda ogni forma di sottomissione, e si trasforma l'informazione in disinformazione. Per illustrare l'articolo, infatti, scelse le fotografie scattate durante il corteo pacifista di Roma. Tra queste, una dove tre babbei innalzavano un poster col disegno dell'Amanita Phalloides. Fungo che per il suo alto contenuto di tossialbumine spedisce dritto al Creatore. Sotto il cappello della malefica pianta, cioè all'apice del gambo, l'immagine della mia testa decapitata. Sopra la testa, la scritta: «Amanita Fallaci». In basso, cioè alla radice del gambo, un teschio con le tibie incrociate. Accanto al teschio, le parole «Velenosa-Mortale». E sotto quella fotografia, a piè di pagina, un demenziale attacco firmato dal Segretario del Consiglio Mussulmano d'Inghilterra (l'imam Iqbal Sacranie) e intitolato: «Miss Fallaci, i suoi punti di vista sono un insulto ai pacifici mussulmani».

Ma è il caso di meravigliarsene? Con l'Islam il *Times* di Londra è sempre stato molto, molto generoso. Già negli Anni Ottanta ospitava mòniti come quello che il Sovrintendente della Grande Moschea di Londra rivolgeva a Margaret That-

cher per informarla che «i mussulmani del Regno
Unito non avrebbero tollerato a lungo una politica
estera con cui il Primo Ministro offendeva i loro
sentimenti pan-islamici». E per capire che cosa accade al di là della Manica basta fermarsi qualche
minuto dinanzi allo Speaker's Corner di Hyde
Park, l'angolo riservato ai cittadini in vena di
esprimere pubblicamente le proprie idee. Ai bei
tempi ci vedevi socialisti che parlavano di socialismo, femministe che parlavano di femminismo,
atei che parlavano di ateismo. Ora ci vedi aspiran-
ti kamikaze o mullah che in nome della libertà di
pensiero (a me negata anche coi poster fungaioli)
esaltano la Jihad e invitano ad ammazzare i cani-
infedeli. Basta anche osservare le «bobbies» ossia
le poliziotte di Londra. Oggi molte «bobbies» sono mussulmane, (un regolamento municipale inti-
ma di assumerne con dovizia), e di rado portano il
tradizionale casco che completa l'uniforme. Quasi
sempre lo sostituiscono con lo hijab ossia il fazzoletto che copre i capelli, la fronte, le orecchie, il
collo... Infine basta ricordare che la base strategica
dell'offensiva islamica in Europa non è la Francia
con le sue Marsiglie e col suo ufficiale dieci per
cento di mussulmani. È l'Inghilterra col suo mite
due e mezzo per cento. Perché è in Inghilterra,
non in Francia, che vivono i cervelli di quell'offensiva. I teologi e gli ideologi che la teorizzano. Gli

imam che la gestiscono. I politici che l'appoggiano. I giornalisti e gli intellettuali e gli editori che la propagandano. I petro-banchieri e i Paperon de' Paperoni che la finanziano. Cioè gli sceicchi, gli emiri, i sultani che posseggono i palazzi e gli alberghi più belli di Londra.

Ci vivono anche i terroristi più pericolosi del mondo. Membri di Al Qaida o di Al Ansar o di Hamas che perfino l'islamizzatissima Francia ha espulso. Individui che i paesi d'origine, (ad esempio l'Egitto o l'Algeria o la Tunisia o il Marocco), da anni chiedono di estradare per poter processare ma che Londra non consegna perché sono «rifugiati politici» o cittadini ormai naturalizzati. (Uno è l'imam della moschea di Finsbury che nel 1988 fece assassinare quattro ostaggi occidentali a Sanaa). E tutto ciò senza tener conto dei normali immigrati pakistani o afgani o giordani o palestinesi o sudanesi o senegalesi o maghrebini che in Inghilterra vivono col permesso di soggiorno. Due milioni, a tutt'oggi. E nella stragrande maggioranza gente che non ha alcuna voglia d'integrarsi. Perché anche lì non si fa che predicare la società-plurietnica-plurireligiosa-pluriculturale, ma anche lì i mussulmani vi rispondono difendendo con le unghie e coi denti la propria identità. L'identità che noi non difendiamo. Anche lì la società pluriculturale non la vogliono affatto. L'integrazione, ancor meno. Volete mettervelo in testa o no?!? Esiste un'organizzazione detta «Parlamento Mussulmano», in Inghilterra, il cui primo scopo consiste nel ricordare agli immigrati che non sono tenuti a rispettare le leggi inglesi. «Per un mussulmano il rispetto delle leggi in vigore nel paese che lo ospita è facoltativo. Un mussulmano deve obbedire alla Sharia e basta» dice la sua Carta Costitutiva. Infatti il 20 dicembre 1999 la Corte della Sharia emise una fatwa che proibisce a tutti i mussulmani di festeggiare il Natale. Non solo: vuole uno «Stato Islamico di Gran Bretagna», il «Parlamento Mussulmano» d'Inghilterra. Vuole uno Stato che consenta di legalizzare la poligamia, sostituire il divorzio col ripudio, abolire la promiscuità dei sessi non solo nelle scuole ma anche nei luoghi di lavoro e sui mezzi di trasporto. Treni, aerei, navi, battelli, corriere, autobus, tranvai, ascensori... (Anche gli ascensori, sì). Quel che in certi Stati d'America avveniva ai tempi in cui i neri erano segregati dai bianchi, insomma. E naturalmente vuole convertire il maggior numero possibile di cristiani. Questo sia attraverso i matrimoni misti, matrimoni che gli imam incoraggiano perché la condizione di un matrimonio misto è che il coniuge non mussulmano si converta al credo di Allah e che la prole sia cresciuta nell'islamismo, sia attraverso il pubblico indottrinamento. Attività molto praticata, questa, da neo-adepti come l'ex-grillo canterino Cat Stevens ora Yussuf Islam. Rinnegato il rock, infatti, da anni Mister Cat Stevens-Yussuf Islam compone esclusivamente musica dedicata a Maometto. Inoltre dirige quattro scuole coraniche che in omaggio al pluriculturalismo il governo inglese sovvenziona.

* * *

Quanto alla Germania che con le sue duemila moschee e i suoi tre milioni di mussulmani turchi sembra una succursale del defunto Impero Ottomano, bè... L'aereo Pan American che nel 1988 esplose in volo e cadde sulla cittadina scozzese di Lockerbie uccidendo 270 persone era partito da Francoforte: sì o no? La bomba nel bagagliaio era stata messa a Francoforte da figli di Allah abitanti a Francoforte: sì o no? Mohammed Atta, il kamikaze numero uno dell'Undici Settembre, s'era laureato in architettura al Politecnico di Amburgo: sì o no? Prima di recarsi in America per frequentare i corsi di volo in Florida, aveva studiato pilotaggio all'aeroclub di Bonn: sì o no? I soldi per pagare i corsi in Florida erano stati ritirati da una banca di Düsseldorf e la centrale logistica di Al Qaida si trova in Germania: sì o no? Il grosso dei terroristi egiziani o maghrebini o palestinesi stanno in Germania: sì o no?

Che il sogno di distruggere la cattedrale di Colonia fosse una stoltezza come distruggere l'Abbazia di Westminster e la Tour Eiffel incominciai a comprenderlo quando seppi che il più importante rifugiato politico di quella città era Rabah Kabir, l'ex-maestro di ginnastica su cui ancor oggi grava l'accusa d'aver compiuto il massacro del 1992 all'aeroporto di Algeri. Nonostante le richieste di estradizione inoltrate dal governo algerino, l'asilo politico gli era stato concesso senza difficoltà e da allora vive lì. A Colonia ha addirittura ottenuto la cattedra di teologia, è addirittura diventato un alto funzionario dell'Unione Islamo-Europea... Che la Pinacoteca di Dresda rischiasse ancor meno della suddetta cattedrale lo pensai invece quando lessi che in otto scuole medie ed elementari della Bassa Sassonia era stato introdotto l'insegnamento del Corano, e vidi la fotografia che accompagnava la notizia. Era la fotografia di due bambine turche, suppongo nate e comunque cresciute a Dresda o a Meissen o dintorni. La più grandicella, otto o nove anni, indossava una T-shirt con la scritta «Air Force» e al polso esibiva un orologio da uomo. La più piccola, sei o sette anni, un occidentalissimo golfino. Ma entrambe erano imbacuccate fino alle spalle nello hijab. Voglio dire: sebbene i loro genitori venissero dal paese che nel 1924 Atatürk aveva secolarizzato, entrambe portavano il velo che il Corano impone fin dall'età di sette anni. E non dimenticare che in Turchia, quella Turchia tanto ansiosa di entrare nell'Unione Europea, lo hijab lo stanno rimettendo quasi tutte le donne delle nuove generazioni. Non dimenticare che in Turchia, quella Turchia che i leader tedeschi francesi italiani sono così ansiosi di portare nell'Unione Europea, avvengono ancora cose degne di Lala Mustafa lo spellatore di Marcantonio Bragadino. (L'anno scorso a Yaylim, villaggio turco ai confini con la Siria, la trentacinquenne Cemse Allak venne lapidata dai suoi familiari, perché in seguito a uno stupro era rimasta incinta. La gravidanza aveva raggiunto gli otto mesi, quando la lapidarono. E il commento della cognata fu: «Che dovevamo fare? Era zittella. Aveva perso l'onore». Il commento del fratello fu: «Stupro o no, ci aveva disonorato»). In Germania, del resto, la mafia fondamentalista costringe gli immigrati a detrarre dal salario la cosiddetta Tassa Rivoluzionaria. Tassa che serve a finanziare i partiti islamici della madre-patria ossia i partiti decisi a spazzar via il ricordo di Atatürk.

Il discorso vale anche per l'Olanda dove ogni anno irrompono dai trentamila ai quarantamila mussulmani che in lingua olandese non imparan nemmeno la parola «bedankt» cioè grazie. Dove dal 1981 quei mussulmani hanno i propri quartieri, i propri sindacati, le proprie scuole, i propri ospedali, i propri cimiteri, e le moschee se le fanno costruire a spese dello Stato. Dove, non paghi di quei privilegi, inondano le piazze dell'Aja per insultare il governo che ai poligami non consente di portare tutte le mogli. E dove, se un Fortuyn si presenta alle elezioni, finisce assassinato... Vale anche per la Danimarca dove ai ricercati-pardon-rifugiati algerini tunisini pakistani sudanesi l'asilo politico viene concesso con la stessa disinvoltura con cui viene concesso in Inghilterra e in Germania, e dove da un decennio i danesi si convertono in misura impressionante... Vale anche per la Svezia dove (caso significativo) il mio editore anzi nessun editore ha avuto il coraggio di pubblicare «La Rabbia e l'Orgoglio». E dove, in compenso, i testi che inneggiano all'Islam riempiono le librerie. Dove la cittadinanza viene concessa a chiunque sussurri Allah-akbar. Dove il naturalizzato più illustre di Stoccolma è il marocchino Ahmed Rami, ideologo della Rivoluzione Mondiale Islamica, antiamericano spietato, antisraeliano efferato, e legato a doppio filo coi neo-nazisti svedesi... Ma, soprattutto, il discorso vale per la Spagna. Quella Spagna dove da Barcellona a Madrid, da San Sebastian a Valladolid, da Alicante a Jerez de la Frontera, trovi i terroristi meglio addestrati del continente. (Non a caso nel luglio del 2001, cioè prima di stabilirsi a Miami, il neo-dottore in architettura Mohammed Atta vi si fermò per visitare un compagno detenuto nel carcere di Tarragona ed esperto in esplosivi). E dove da Malaga a Gibilterra, da Cadice a Siviglia, da Cordova a Granada, i nababbi marocchini e i reali sauditi e gli emiri del Golfo hanno comprato le terre più belle della regione. Qui finanziano la propaganda e il proselitismo, premiano con seimila dollari a testa le convertite che partoriscono un maschio, regalano mille dollari alle ragazze e alle bambine che portano lo hijab. Quella Spagna dove quasi tutti gli spagnoli credono ancora al mito dell'Età d'Oro dell'Andalusia, e all'Andalusia moresca guardano come a un Paradiso Perduto. Quella Spagna dove esiste un movimento politico che si chiama «Associazione per il Ritorno dell'Andalusia all'Islam» e dove nello storico quartiere di Albaicin, a pochi metri dal convento nel quale vivono le monache di clausura devote a San Tommaso, l'anno scorso s'è inaugurata la Grande Moschea di Granada con annesso Centro Islamico. Evento reso possibile dall'Atto d'Intesa che nel 1992 il socialista Felipe González firmò per garantire ai mussulmani di Spagna il pieno riconoscimento giuridico. Nonché materializzato grazie ai miliardi versati dalla

Libia, dalla Malesia, dall'Arabia Saudita, dal Brunei, e dallo scandalosamente ricco sultano di Sharjah il cui figlio aprì la cerimonia dicendo: «Sono qui con l'emozione di chi torna nella propria patria». Sicché i convertiti spagnoli (nella sola Granada sono duemila) risposero con le parole: «Stiamo ritrovando le nostre radici».

* * *

Forse perché otto secoli di giogo mussulmano si digeriscono male e troppi spagnoli il Corano ce l'hanno ancora nel sangue, la Spagna è il paese europeo nel quale il processo di islamizzazione avviene con maggiore spontaneità. È anche il paese nel quale quel processo dura da maggior tempo. Come spiega il geopolitico francese Alexandre Del Valle che sull'offensiva islamica e sul totalitarismo islamico ha scritto libri fondamentali (e naturalmente vituperati insultati denigrati dai Politically Correct) l'«Associazione per il Ritorno dell'Andalusia all'Islam» nacque a Cordova ben trent'anni fa. E a fondarla non furono i figli di Allah. Furono spagnoli dell'estrema sinistra che delusi dall'imborghesimento del proletariato e quindi smaniosi di darsi ad altre mistiche ebrezze avevan scoperto il Dio del Corano cioè erano passati da Karl

Marx a Maometto. Subito i nababbi marocchini e i reali sauditi e gli emiri del Golfo si precipitarono a benedirli coi soldi, e l'associazione fiorì. Si arricchì di apostati che venivano da Barcellona, da Guadalajara, da Valladolid, da Ciudad Real, da León, ma anche dall'Inghilterra. Anche dalla Svezia, anche dalla Danimarca. Anche dall'Italia. Anche dalla Germania. Anche dall'America. Senza che il governo intervenisse. E senza che la Chiesa Cattolica si allarmasse. Nel 1979, in nome dell'ecumenismo, il vescovo di Cordova gli permise addirittura di celebrare la Festa del Sacrificio (quella durante la quale gli agnelli si sgozzano a fiumi) nell'interno della cattedrale. «Siamo-tutti-fratelli». La concessione causò qualche problema. Crocifissi sloggiati, Madonne rovesciate, frattaglie d'agnello buttate nelle acquasantiere. Così l'anno dopo il vescovo li mandò a Siviglia. Ma qui capitarono proprio nel corso della Settimana Santa, e Gesù! Se esiste al mondo una cosa più sgomentevole della Festa del Sacrificio, questa è proprio la Settimana Santa di Siviglia. Le sue campane a morto, le sue lugubri processioni. Le sue macabre Vie Crucis, i suoi nazarenos che si flagellano. I suoi incappucciati che avanzano rullando il tamburo... Gridando «Viva l'Andalusia mussulmana, abbasso Torquemada, Allah vincerà» i neo-fratelli in Maometto si gettarono sugli ex-fratelli in Cristo, e giù botte. Risultato, dovettero sloggiare anche da Siviglia. Si trasferirono a Granada dove si installarono nello storico quartiere di Albaicin, ed eccoci al punto. Perché, malgrado l'ingenuo anticlericalismo esploso durante il corteo della Settimana Santa, non si trattava di tipi ingenui. A Granada avrebbero creato una realtà simile a quella che in quegli anni fagocitava Beirut e che ora sta fagocitando tante città francesi, inglesi, tedesche, italiane, olandesi, svedesi, danesi. Ergo, oggi il quartiere di Albaicin è in ogni senso uno Stato dentro lo Stato. Un feudo islamico che vive con le sue leggi, le sue istituzioni. Il suo ospedale, il suo cimitero. Il suo mattatoio, il suo giornale *La Hora del Islam*. Le sue case editrici, le sue biblioteche, le sue scuole. (Scuole che insegnano esclusivamente a memorizzare il Corano). I suoi negozi, i suoi mercati. Le sue botteghe artigiane, le sue banche. E perfino la sua valuta, visto che lì si compra e si vende con le monete d'oro e d'argento coniate sul modello dei dirham in uso al tempo di Boabdil signore dell'antica Granada. (Monete coniate in una zecca di calle San Gregorio che per le solite ragioni di «ordine pubblico» il Ministero delle Finanze spagnolo finge di ignorare). E da tutto ciò nasce l'interrogativo nel quale mi dilanio da oltre due anni: ma com'è che siamo arrivati a questo?!?

* * *

Prima di rispondervi, però, devo riportare il discorso sull'Italia. Dare una lunga occhiata all'Italia dove ricevo lettere del seguente tenore: «Nella mia città c'è uno scolaro mussulmano che rifiuta di parlare con la maestra perché è femmina. Così il municipio paga a nostre spese un giovanotto che durante le lezioni sta in aula, funge da interlocutore. Le sembra giusto?». Oppure: «Sono il proprietario di una piccola industria del Sud e ho quattro impiegati mussulmani che tratto col dovuto rispetto nonché nell'osservanza assoluta delle norme sindacali. Loro invece mi trattano come se fossi un nemico. Io mi chiedo sempre che cosa accadrebbe se scoprissero che la mia nonna era ebrea». E dove, grazie a una trasmissione televisiva che mi lasciò senza fiato, nell'autunno del 2002 ebbi l'amara conferma di quanto sia profondo il baratro dentro il quale stiamo precipitando.

CAPITOLO 3

Si trattava d'un senegalese sui quarant'anni autoproclamatosi imam di Carmagnola: la cittadina piemontese che nel Millequattrocento dette i natali al condottiero Francesco Bussone detto Il Carmagnola, e che oggi si distingue per il tristo primato di contare un figlio di Allah ogni dieci abitanti. Si chiamava Abdul Qadir Fadl Allah Mamour, e qualche anno prima aveva avuto un istante di celebrità come marito poligamo di due cittadine italiane. Reato che s'era estinto col divorzio della prima moglie e per il quale, durante la duplice convivenza, nessuno aveva osato arrestarlo. Ora invece era noto per la sua amicizia con Bin Laden (non a caso i giornali lo definivano Ambasciatore-di-Bin-Laden-in-Italia) e per la sua abilità nel gestire i soldi degli immigrati. Possedeva infatti il gruppo finanziario Private Banking Fadl Allah Islamic Investment Company. Ma quella sera io lo ignoravo. Non a caso, quando apparve sullo schermo mi chiesi chi fosse, e rimasi ad ascoltarlo solo perché assomigliava in modo impressionante a Wakil Motawakil: il ministro talebano che a Kabul faceva fucilare le afgane colpevoli di frequentare il parrucchiere. Stesso faccione grasso e lucido e barbuto. Stessi occhietti maligni, stesso pancione gonfio da donna incinta. Stesso turbante nero, stesso jalabah lungo fino ai piedi. Diversa soltanto la voce, un po' meno stridula.

La trasmissione era già incominciata. La scena si svolgeva in una casuccia da immigrato povero, non certo da sceicco. Un giornalista della Rai lo stava intervistando fuoricampo, e in cattivo italiano il sosia di Wakil Motawakil rispondeva: «Io investo soldi dalla Svizzera alla Malesia, da Singapore al Sud Africa. Soldi mussulmani scaturienti dal petrolio, quel gran dono di Dio che Allah ci ha lasciato a noi mussulmani e che si chiama petrolio. Se Usama mi daresse dei soldi, dipende da lui che io lo dicessi o no. Se lui vorrebbe, io lo dicessi. Se lui non vorrebbe, io non lo dicessi. Però i soldi lui li ha dati a tanti tanti personi dell'Occidente». Diceva anche di conoscerlo bene, Usama, e d'averlo incontrato per la prima volta nel 1994 in Costa d'Avorio poi rivisto in Sudan. Lo descriveva «uomo di grande intelligenza, grande religiosità, grande umiltà, un benefattore di cui nessuno poteva parlar male», e in tono estasiato ne lodava il bell'aspetto. Gli «occhi dolcissimi e severi, le mani sottili e morbide ma fredde, la camminata svelta e leggera. Da gatto». Diceva anche che in Italia aveva-

mo duemila mujaheddin cioè combattenti della
Jihad addestrati in Afghanistan o altrove e rientra-
ti nel nostro territorio allo scopo-di-mantenervi-
una-base-logistica-e-preparare-la-rivoluzione. Per
non sollevare sospetti ci stanno da persone normali, spiegava, «lavorando e vivendo con le loro famiglie come personi qualsiasi. E alcuni di essi sono
specializzati nel sabotage». (Leggi sabotaggio cioè
terrorismo). Alcuni e basta perché «quattro o cinque personi o anche tre soli bastano a distruggere
città come Londra o a paralizzarla per trentaquattro ori». Inoltre ci minacciava. Diceva che le autorità italiane dovevano smetterla di perseguitare e
opprimere i suoi fratelli mujaheddin nel modo in
cui Sharon opprime i palestinesi e Putèn (leggi Pu-
tin) opprime i ceceni e Buss (leggi Bush) opprime
i mussulmani d'America. Sennò, concludeva, quel
che era successo in America sarebbe successo anche in Italia. «Ovunque-c'è-ingiustizia-e-oppres-
sione-ci-sarà-prima-o-poi-vendetta». Eppure non
furono quelle parole a raggelarmi. Non fu nemmeno la tracotanza con cui le pronunciava o l'impudenza con cui le sceglieva. Fu ciò che accadde dopo. Perché, dopo, la scena si trasferì dalla casuccia
in un decoroso ufficio dove seduto a un tavolo vedevi anche l'imam di Torino cioè il Pio Sgozzavitelli che in Piemonte possiede quattro macellerie
halal. E accanto a lui un signore molto preoccupa-

to che presto risultò essere il sindaco diessino di Carmagnola. Sul tavolo c'era il plastico d'un progetto urbanistico e, mentre il Pio Sgozzavitelli annuiva compiaciuto, Abdul Qadir Fadl Allah Mamour rivelò che nei pressi di Carmagnola intendeva costruire «la prima Città Islamica d'Italia». Cioè una città abitata esclusivamente da mussulmani, completamente autofinanziata e razionalmente sviluppata. Piazze, strade, ponti, giardini. Moschee, scuole coraniche, biblioteche coraniche, banche private, supermercati halal. E per incominciare, tre grossi edifici con quarantotto appartamenti ciascuno. Cosa di cui v'era urgentissima necessità dato che in Italia i mussulmani raggiungevano almeno la cifra d'un milione e duecentomila, diceva. Almeno trentamila stavano nella vicina Torino e dall'estero ne giungevano ogni giorno a migliaia.

Un'altra Albaicin, in breve. Un altro Stato dentro lo Stato. Una repubblica a parte cioè una specie di San Marino coi minareti al posto dei campanili, gli harem al posto dei nightclub, il Corano al posto della nostra Costituzione, e i senegalesi o i sudanesi o i maghrebini eccetera al posto dei carmagnolesi sloggiati dalle loro case. Sloggiati e rinchiusi nelle Riserve come i Cherokee dell'Oklahoma, gli Apaches del Dakota, i Navajo dell'Arizona. Non a caso il sindaco appariva così preoccupato e d'un tratto, sordo alle proteste del Pio Sgozzavitelli, farfugliò che bisognava pensarci bene. Che una cosa simile alterava l'intero piano regolatore e prima di quell'incontro lui non l'aveva mica capito che il progetto del signor Mamour era così mastodontico... Poi la scena cambiò di nuovo. Tornò la casuccia da immigrato povero e sullo schermo apparve un gran fagotto grigio. Un gran pacco di stoffa grigia da cui in alto ciondolava una sorta di mascherina nera. Un chador, dunque, completato dal nikab ossia dal fitto velo nero che proprio a mo' di maschera nasconde il volto dalla radice del naso in giù. E, dentro il fagotto, una donna. Tra il bordo superiore del nikab e il lembo di chador calato sulla fronte fino a coprire le sopracciglia intravedevi infatti due occhi. E da una fessura posta a metà fagotto uscivano due mani inguantate di nero. Un'afgana, forse? Una futura inquilina alla quale il sosia di Wakil Motawakil aveva promesso uno dei centoquaranta appartamenti d'urgentissima necessità? Lo pensai finché il giornalista fuoricampo ci informò che il fagotto conteneva anzi era la moglie ora monogama del personaggio nonché la madre dei suoi cinque figli, e dal nikab filtrò una voce squillante che in tono provocatorio scandiva: «Io mi chiamo Aisha Farina e mi sono convertita all'Islam otto anni e mezzo fa, dopo aver studiato arabo all'Ateneo di Milano. Io sono di Milano. La mia famiglia d'origine vive a Milano...». Così presi ad ascoltarla con molta attenzione, forse più di quella con cui avevo ascoltato i torvi progetti urbanistici del marito, e a udir le sue risposte restai talmente scioccata che fino all'alba avrei continuato a ripetermi: non è possibile. Ho capito male, non è possibile. Sbugiardando chi sostiene che il terrorismo islamico è una frangia impazzita e che quindi non bisogna confondere i Bin Laden col popolo mussulmano, quest'Aisha nata a Milano non a Kabul e cresciuta in Italia non in Afghanistan aggiunse infatti che Bin Laden agiva per conto e per volere della Umma ossia del popolo mussulmano. Che per questo il popolo mussulmano lo amava, lo ammirava, come lei lo giudicava un fratello. Un autentico eroe, l'erede di Maometto. Confermò insomma ciò che dico io, e per cui io vengo accusata di razzismo-xenofobia-blasfemia-istigazione-all'odio. Sempre confermando ciò che dico io, ammise inoltre che i figli di Allah vogliono sottometterci. Conquistarci. Che per conquistarci non hanno bisogno di polverizzare i nostri grattacieli o i nostri monumenti: gli basta la nostra debolezza e la loro prolificità...

Lo fece in maniera semplicistica, rozza, intendiamoci. La dialettica non era il suo forte. Il linguaggio forbito, ancor meno. Però lo fece con molta chiarezza, senz'ombra di equivoci, e col piglio sicuro di chi ripete una lezione imparata a memoria o esprime una realtà inconfutabile. Poi in sciatto italiano concluse: «Un giorno Roma verrà aperta all'Islam, e in parte del resto s'è già aperta. Perché noi mussulmani siamo tanti. Migliaia di migliaia, tanti. Ma non dovete spaventarvi. Questo non significa che noi vogliamo conquistarvi con gli eserciti, con le armi. Può darsi che tutti gli italiani finiscano col convertirsi e comunque vi conquisteremo pacificamente. Perché ad ogni generazione noi ci raddoppiamo o di più. Voi invece vi dimezzate. Siete in crescita zero».

* * *

Ne rimasi turbata, sì. E il turbamento crebbe a scoprire che costei era stata la prima italiana a esibirsi col nikab, la prima ad esigere la fotografia col velo sui documenti, la prima ad ammettere le nozze poligamiche col sosia di Wakil Motawakil. Che inoltre stampava un giornalino sovversivo detto «Al Mujahida, La Combattente» e che in questo giornalino implorava Allah di produrre milioni e milioni di «martiri» cioè di kamikaze. Eppure il trauma più violento non lo ebbi quella sera. Non lo ebbi neppure l'anno seguente quando il Ministro degli Interni appurò che Abdul Qadir Fadl Allah Mamour non era un ospite sgradevole e basta, era un funzionario di Al Qaida, e come tale lo espulse insieme alla consorte. Lo ebbi a seguire la faccenda del voto e a leggere le Bozze d'Intesa ossia il progetto dell'accordo che le comunità islamiche reclamano per imporci le loro norme. Matrimonio islamico, abbigliamento islamico, cibo islamico, sepoltura islamica, festività islamiche, scuole islamiche, nonché l'ora del Corano nelle scuole statali.

Lo reclamano, quell'accordo, appellandosi all'articolo 19 della nostra Costituzione. L'articolo che afferma «Tutti hanno il diritto di professare il proprio credo religioso». Lo reclamano fingendo di rifarsi agli accordi che negli ultimi quindici anni l'Italia ha sottoscritto con le comunità ebraiche, buddiste, valdesi, evangeliche, protestanti. "Fingendo" perché dietro le altre comunità non v'è una religione che identifica sé stessa con la Legge, con lo Stato. Una religione che mettendo Allah al posto della Legge, al posto dello Stato, governa in ogni senso la vita dei suoi fedeli e quindi altera o molesta la vita degli altri. Che nella separazione tra Chiesa e Stato vede una bestemmia, che nel suo vocabolario non contiene nemmeno il vocabolo Libertà. Per dire Libertà dice Affrancatura, Hurriyya. Parola che deriva dall'aggettivo «hurr», schiavo-affrancato, schiavoemancipato, e che per la prima volta fu usato nel 1774 per stendere un patto russo-turco di natura commerciale. Così a chi li ascolta dico: Cristo, abbiamo faticato tanto per rompere il giogo della Chiesa Cattolica cioè d'un credo che era il nostro credo e che ancor oggi è il credo della stragrande maggioranza dei cittadini. Un credo che nonostante i suoi errori e i suoi orrori imbeve le nostre radici cioè appartiene alla nostra cultura. Che nonostante i suoi Papi e i suoi roghi ci ha trasmesso l'insegnamento di un uomo innamorato dell'amore e della libertà, un uomo che diceva: «Date a Cesare quel che è di Cesare, a Dio quel che è di Dio». E dopo aver rotto quel giogo dovremmo consegnarci al giogo d'un credo che non è il nostro credo, che non appartiene alla nostra cultura, che al posto dell'amore semina l'odio e al posto della libertà la schiavitù, che in Dio e in Cesare vede la medesima cosa? Poi dico: Cristo, ma per chi è stata scritta la nostra Costituzione? Per gli italiani o per gli stranieri? Che cosa s'intende col «tutti» dell'articolo 19? Tutti-gli-italiani e basta oppure tutti-gli-italiani-e-tutti-gli-stranieri, anzi tutti-gli-stranieri? Perché se s'intende tutti-gli-italiani e basta, mi preoccupo fino a un certo punto. Stando alle cifre ufficiali, su 58 milioni di italiani appena diecimila sono mussulmani. Se invece con quel «tutti» s'intende tutti-gli-italiani-e-tutti-gli-stranieri, le Bozze d'Intesa riguardano il milione e mezzo o i due milioni di stranieri mussulmani che oggi affliggono l'Italia. Riguardano cioè quelli col permesso di soggiorno più gli irregolari che dovrebbero essere espulsi. E in tal caso mi preoccupo parecchio. Anzi m'indigno e indignata chiedo a che cosa serva essere cittadini, avere i diritti dei cittadini. Chiedo dove cessino i diritti dei cittadini e dove incomincino i diritti degli stranieri. Chiedo se gli stranieri abbiano il diritto di avanzare diritti che negano i diritti dei cittadini, che ridicolizzano le leggi dei cittadini, che offendono le conquiste civili dei cittadini. Chiedo, insomma, se gli stranieri contino più dei cittadini. Se siano una sorta di supercittadini, davvero i nostri feudatari. I nostri padroni. E quanto al voto...

Occhi negli occhi e bando agli imbrogli, signori: l'articolo 48 della Costituzione Italiana stabilisce in modo inequivocabile che il diritto di voto spetta ai cittadini e basta. «Sono elettori tutti i cittadini, uomini e donne, che hanno raggiunto la maggiore età» dice. Prima che l'Europa diventasse una provincia dell'Islam non s'era mai visto, del resto, un paese dove gli stranieri andassero alle urne per scegliere i rappresentanti di chi li ospitava. Io non voto in America. Neanche per eleggere il sindaco di New York, sebbene risieda a New York. E lo ritengo giusto. Perché mai dovrei votare in un paese del quale non sono cittadina?!? Non voto nemmeno in Francia, in Inghilterra, in Irlanda, in Belgio, in Olanda, in Danimarca, in Svezia, in Germania, in Spagna, in Portogallo, in Grecia eccetera, sebbene sul mio passaporto sia scritto «Unione Europea». E per gli stessi motivi lo ritengo giusto. Ma in uno dei suoi articoli il Trattato di Maastricht «contempla» il presunto diritto degli immigrati a votare ed essere votati nelle elezioni comunali nonché europee. E la Risoluzione approvata il 15 gennaio 2003 dal Parlamento Europeo «caldeggia» l'idea, raccomanda agli Stati membri d'estendere il diritto di voto agli extracomunitari che soggiornano da almeno cinque anni in uno dei loro paesi. Diritto anzi presunto diritto che la demagogia unita al cinismo ha già concesso in Irlanda, in Inghilterra, in Olanda, in Spagna, in Danimarca, in Norvegia, e che in Italia una legge approvata nel 1998 dal governo di Centro-Sinistra ha concesso per i referendum consultivi. Diritto anzi presunto diritto che il diessino presidente della Regione Toscana e il filodiessino presidente della Regione Friuli-Venezia Giulia, ad esempio, vogliono estendere «almeno» alle elezioni amministrative. Diritto anzi presunto diritto che qualcuno vorrebbe dare anche agli irregolari ossia ai clandestini. (Ai turisti di passaggio no?). A battersi per il diritto di votare ed esser votati perfino nelle elezioni politiche ci pensa invece il Partito dei Comunisti Italiani che intanto vorrebbe ridurre a tre anni i dieci anni attualmente necessari per ottenere la cittadinanza. Mentre tutti tacciono, cauti. Unica eccezione, la Lega che a causa di ciò viene sempre zittita o irrisa. Ma il peggio non è neanche questo. È che la folle Crociata non viene condotta soltanto dalla Sinistra e dall'Estrema Sinistra: viene condotta pure da un ex-missino della cosiddetta Destra e da un ex-democristiano del cosiddetto Centro. Alla Conferenza che lo scorso ottobre l'Unione Europea indisse sull'immigrazione, infatti, il Vicepresidente del Consiglio nonché presidente di Alleanza Nazionale dichiarò che dare il voto agli immigrati era «giusto e legittimo» in quanto gli immigrati «pagano le tasse» e «vogliono integrarsi». (Basandosi su tale concetto ha addirittura presentato una proposta di legge). E alcuni giorni dopo, mentre era in visita al Cairo, l'arcistipendiato presidente della Commissione Europea aggiunse che non solo il voto agli immigrati era «fondamentale» nelle elezioni amministrative ma che «prima o poi» bisognava darglielo anche nelle elezioni politiche. Cosa che esaspera il mio sdegno e mi costringe a scrivere un paio di letterine ai suddetti signori nonché una breve nota per il Cavaliere.

*　*　*

Prima letterina. «Signor Presidente della
Commissione Europea, so che in Italia La chiamano Mortadella. E di ciò mi dolgo per la mortadella
che è uno squisito e nobile insaccato di cui andar
fieri, non certo per Lei che in me suscita disistima
fin dal 1978. Ossia dall'anno in cui partecipò a
quella seduta spiritica per chiedere alle anime del
Purgatorio dove i brigatisti nascondessero il rapito Aldo Moro e attraverso il gioco del piattino
un'anima ben informata rispose che lo nasconde-
vano in un posto chiamato Gradoli. Non mi parve
serio, Monsieur. Meglio: non mi parve rispettoso,
pietoso, umano, nei riguardi di Moro che stava
per essere ucciso. Quando poi si scoprì che lo avevan nascosto nel covo d'una strada chiamata per
l'appunto via Gradoli fui colta da uno strano disagio. E supplicai il Padreterno di tenerLa lontana
dalla politica. Peccato che al solito il Padreterno
non m'abbia ascoltato, che in politica Lei ci si sia
buttato senza pudore. Perché, da quando Lei ce-
menta lo scellerato connubio che perpetua il nefando Compromesso Storico, quella disistima s'è
approfondita nonché arricchita d'una antipatia
quasi epidermica. Il solo udire la Sua voce manie-
rosa e melliflua m'innervosisce, il solo guardare la
Sua facciona guanciuta e falsamente benigna mi

rattrista, Monsieur. Mi rammenta la Comédie Italienne o Commedia dell'Arte, Pulcinella e Brighella, Arlecchino e Tartaglia, Pantalone e Balanzone, insomma i malinconici personaggi che il 1500 ci regalò. La Comédie Italienne non mi ha mai divertito, Monsieur. Infatti grazie a Lei ho riso due volte e basta. Quando al Suo agglomerato politico dette l'acconcio nome e l'acconcia immagine d'un Asinello, e quando Baffettino cioè D'Alema La rimpiazzò a Palazzo Chigi. (Non che lui mi piacesse o mi piaccia, per carità! La sua boria e la sua presunzione mi mandano il sangue al cervello. Ma pur di vederLa spodestare avrei venduto l'anima al Diavolo).

Il guaio è che, per spodestarLa, Baffettino dovette rifilarLa all'Unione Europea. Godetevelo-voi. E all'Unione Europea Lei ci ha fatto fare non poche figuracce, Monsieur. Pensi a quella che fece con l'Eurobarometro nell'ottobre del 2003 cioè quando promosse tra i cittadini dell'Ue il sondaggio sulla legittimità-della-guerra-in-Iraq. Sondaggio con cui si chiedeva, fra l'altro, quale fosse il paese che minacciava di più la pace nel mondo e a cui risposero soltanto 7515 persone. Però Lei lo rese noto come se si fosse trattato d'un referendum plebiscitario, e in anteprima dette la risposta da cui risultava che "secondo il 59 per cento degli europei il paese che più minacciava la pace nel mondo era Israele". Oppure pensi a quella che in completo dispregio per il Suo incarico commise inviando ai dirigenti dell'Ulivo le sessanta pagine attraverso cui si rioffriva come loro leader. Le Sue figuracce sono le nostre figuracce, Monsieur. Figuracce dell'Italia. E io soffrii tanto a leggere i tre aggettivi che Hans-Gert Poettering, il capo del Ppe, aveva scelto per condannare il Suo secondo exploit. "Scorretto. Inaccettabile. Irresponsabile". Soffrii in ugual misura a legger l'editoriale che sul *Times* di Londra si concludeva con le tremende parole: "Mister Prodi ha rinunciato al diritto morale di guidare la Commissione Europea e ai popoli d'Europa renderebbe un miglior servigio se tornasse nel calderone della politica italiana". Però la faccenda del Voto allo Straniero le supera tutte. Perché lo sgangherato Centro-Sinistra (talmente sgangherato che per procurarsi un leader deve andare a cercarselo tra le mortadelle democristiane) ha scelto davvero Lei. Di nuovo Lei, mioddio. E visto che il Vicepresidente del Consiglio i figli di Allah li ama in ugual misura, il Suo ritorno-nel-calderone costringe gli italiani a scegliere tra una Destra e una Sinistra (o presunta Destra e presunta Sinistra) che stanno entrambe dalla parte del nemico. Li pone tra l'incudine e il martello, li vende definitivamente all'Islam. Non ci mancava che Lei, Monsieur. Voglio dire: oltre a Pulcinella e Brighella, Arlecchino e Tartaglia, non ci mancava che Mortadella. Santo Cielo, non Le bastavano gli immeritati fasti di Bruxelles?!? Quando per stendere la Costituzione Europea l'ex-presidente della Repubblica francese Giscard d'Estaing sollecitò e ottenne uno stipendio uguale al Suo, andai a vedere ciò che Lei guadagna. E i documenti ufficiali mi dissero che quale presidente della Commissione guadagna 22.210,81 euro al mese pari a 43 milioni di vecchie lire italiane, più le spese di rappresentanza e i rimborsi. Per esempio il rimborso sull'alloggio. Rimborso che vedo fissato nella misura del 15 per cento rispetto al salario, quindi in circa 3300 euro al mese. Ergo devo dedurre (ma certo vado per difetto, mi tengo sul parsimonioso) che ogni mese Lei riceva circa cinquanta milioni di vecchie lire italiane, e perbacco! Son tante. Così tante che mi chiedo come facciano gli italiani anzi gli europei a non rinfacciargliele. Così tante che Lei deve spiegarci gratuitamente quali sono i motivi per cui il Voto allo Straniero è un'esigenza "fondamentale", e per cui oltre al voto amministrativo bisogna dargli "anche quello politico". Attivo e passivo. Cioè per eleggere ed essere eletti, per diventare assessori o sindaci o deputati e magari capi del governo o presidenti della Repubblica. Monsieur, vogliamo saperlo senza interrogare col gioco del piattino le anime del Purgatorio».

Seconda letterina. «Signor Vicepresidente del Consiglio, Lei mi ricorda Palmiro Togliatti. Il comunista più odioso che abbia mai conosciuto, l'uomo che alla Costituente fece votare l'articolo 7 ossia quello che ribadiva il Concordato con la Chiesa Cattolica. E che pur di consegnare l'Italia all'Unione Sovietica era pronto a farci tenere i Savoia, insomma la monarchia. Non a caso quelli della Sinistra La trattano con tanto rispetto anzi con tanta deferenza, su di Lei non rovesciano mai il velenoso livore che rovesciano sul Cavaliere, contro di Lei non pronunciano mai una parola sgarbata, a Lei non rivolgono mai la benché minima accusa. Come Togliatti è capace di tutto. Come Togliatti è un gelido calcolatore e non fa mai nulla, non dice mai nulla, che non abbia ben soppesato ponderato vagliato per Sua convenienza. (E meno male se, nonostante tanto riflettere, non ne imbrocca mai una). Come Togliatti sembra un uomo tutto d'un pezzo, un tipo coerente, ligio alle sue idee, e invece è un furbone. Un maestro nel tenere il piede in due staffe. Dirige un partito che si definisce di Destra e gioca a tennis con la Sinistra. Fa il vice di Berlusconi e non sogna altro che detronizzarlo, mandarlo in pensione. Va a Gerusalemme, con la kippah in testa piange lacrime di coccodrillo allo Yad Vashem, e poi fornica nel modo più sgomentevole coi figli di Allah. Vuole dargli il voto, dichiara che "lo

97

meritano perché pagano le tasse e vogliono integrarsi anzi si stanno integrando".

Quando ci sbalordì con quel colpo di scena ne cercai le ragioni. E la prima cosa che mi dissi fu: buon sangue non mente. Pensai cioè a Mussolini che nel 1937 (l'anno in cui Hitler incominciò a farsela col Gran Muftì zio di Arafat) si scopre "protettore dell'Islam" e va in Libia dove, dinanzi a una moltitudine di burnus, il kadì d'Apollonia lo riceve tuonando: "O Duce! La tua fama ha raggiunto tutto e tutti! Le tue virtù vengono cantate da vicini e lontani!". Poi gli consegna la famosa spada dell'Islam. Una spada d'oro massiccio, con l'elsa tempestata di pietre preziose. Lui la sguaina, la punta verso il sole, e con voce reboante declama: "L'Italia fascista intende assicurare alle popolazioni mussulmane la pace, la giustizia, il benessere, il rispetto alle leggi del Profeta, vuole dimostrare al mondo la sua simpatia per l'Islam e pei mussulmani!". Quindi salta su un bianco destriero e seguito da ben duemilaseicento cavalieri arabi si lancia al galoppo nel deserto del futuro Gheddafi. Ma erravo. Quel colpo di scena non era una reminiscenza sentimentale, un caso di mussolinismo. Era un caso di togliattismo cioè di cinismo, di opportunismo, di gelido calcolo per procurarsi l'elettorato di cui ha bisogno per competere con la Sinistra e guidare in prima persona l'equivoco oggi chiamato Destra. Signor Vicepresidente del Consiglio, nonostante la Sua aria quieta ed equilibrata Lei è un uomo molto pericoloso. Perché ancor più degli ex-democristiani (che poi sono i soliti democristiani con un nome diverso) può usare a malo scopo il risentimento che gli italiani come me esprimono nei riguardi dell'equivoco oggi chiamato Sinistra. E perché, come quelli della Sinistra, mente sapendo di mentire. Pagano-le-tasse, i Suoi protetti islamici?!? Quanti di loro pagano le tasse?!? Clandestini a parte, spacciatori di droga a parte, prostitute e lenoni a parte, appena un terzo un po' di tasse! Non le capiscono nemmeno, le tasse. Se gli spiega che servono ad esempio per costruire le strade e gli ospedali e le scuole che anch'essi usano o per fornirgli i sussidi che ricevono dal momento in cui entrano nel nostro paese, ti rispondono che no: si tratta di roba per truffare loro, derubare loro. Quanto al Suo vogliono-integrarsi, si-stanno-integrando, chi crede di prendere in giro?!?

Uno dei difetti che caratterizzano voi politici è la presunzione di poter prendere in giro la gente, trattarla come se fosse cieca o imbecille, dargli a bere fandonie, negare o ignorare le realtà più evidenti. Più visibili, più tangibili, più evidenti. Ma stavolta no, signor mio. Stavolta Lei non può negare ciò che vedono anche i bambini. Non può ignorare ciò che ogni giorno, ogni momento, avviene in ogni città e in ogni villaggio d'Europa. In Italia, in Francia, in Inghilterra, in Spagna, in Germania, in Olanda, in Danimarca, ovunque si siano stabiliti. Rilegga quel che ho scritto su Marsiglia, su Granada, su Londra, su Colonia. Guardi il modo in cui si comportano a Torino, a Milano, a Bologna, a Firenze, a Roma. Perbacco, su questo pianeta nessuno difende la propria identità e rifiuta d'integrarsi come i mussulmani. Nessuno. Perché Maometto la proibisce, l'integrazione. La punisce. Se non lo sa, dia uno sguardo al Corano. Si trascriva le sure che la proibiscono, che la puniscono. Intanto gliene riporto un paio. Questa, ad esempio: "Allah non permette ai suoi fedeli di fare amicizia con gli infedeli. L'amicizia produce affetto, attrazione spirituale. Inclina verso la morale e il modo di vivere degli infedeli, e le idee degli infedeli sono contrarie alla Sharia. Conducono alla perdita dell'indipendenza, dell'egemonia, mirano a sormontarci. E l'Islam sormonta. Non si fa sormontare". Oppure questa: "Non siate deboli con il nemico. Non invitatelo alla pace. Specialmente mentre avete il sopravvento. Uccidete gli infedeli ovunque si trovino. Assediateli, combatteteli con qualsiasi sorta di tranelli". In parole diverse, secondo il Corano dovremmo essere noi ad integrarci. Noi ad accettare le loro leggi, le loro usanze, la loro dannata Sharia. Signor Fini, ma perché come capolista dell'Ulivo non si presenta Lei?».

Nota per il Presidente del Consiglio. «Signor Cavaliere, quel che avevo da dirLe glielo dissi due anni fa. E non intendo ripetermi. Tantomeno intendo unirmi all'antidemocratico coro cioè al linciaggio con cui ad ogni pretesto Lei viene sansebastianizzato dai nemici, dai giornali che si definiscono indipendenti, dai vignettisti mea-condicio eccetera. Signor Cavaliere, noi due non ci amiamo. Si sa. Ma il comportamento che quella gente tiene verso di Lei è così incivile, così insopportabile, così ributtante, quindi offensivo per la libertà e la democrazia, che a portarvi un benché minimo e involontario contributo mi vergognerei. I seguenti interrogativi, però, non glieli leva nessuno. Com'è che su questa faccenda del Voto allo Straniero non ha mai aperto bocca, non apre mai bocca?!? Già nel 2001 i Suoi avversari della Sinistra presentarono un disegno di legge per ottenere che gli immigrati residenti da cinque anni in Italia potessero votare ed essere votati nelle nostre elezioni. Ma, se ben ricordo, Lei rimase zitto. Chiesero anche, i Suoi avversari della Sinistra, che a quegli immigrati venisse concessa la "Cittadinanza Europea di Residenza" più il diritto di votare nelle elezioni europee. Ma, se ben ricordo, Lei rimase zitto. L'anno scorso, in tutte le Feste dell'Unità era possibile firmare la petizione che i diessini avevan promosso per chiedere le medesime cose. "Il nostro obiettivo è quello di raccogliere un milione di firme per portarle al Parlamento italiano e a quello europeo. Gli immigrati devono poter votare. Questa è una battaglia di civiltà che riguarda il futuro". (Sic). Ma, se ben ricordo, Lei rimase zitto. Perché? E perché all'iniziativa del Suo vice non ha mai reagito? Perché non gli ha mai risposto che il voto non è una merce di scambio, è un diritto dei cittadini e basta? Perché non ha mai sottolineato che, secondo il primo comma dell'articolo 19 della Costituzione Italiana, "allo straniero non sono riconosciuti i diritti politici"?».

Questi interrogativi riguardano anche le Bozze d'Intesa sulle quali m'accingo a dire la mia.

CAPITOLO 4

«A quello lì gli dài un'unghia e ti piglia la mano. Gli dài una mano e ti piglia un braccio poi ti butta giù dalla finestra» diceva mia madre quando non si fidava di qualcuno. E a volte queste Bozze d'Intesa hanno l'aria di chiedere, se non l'unghia e basta, una mano e basta. Alcune richieste sono espresse infatti con molta astuzia cioè giocando sull'equivoco, altre invece t'afferrano subito il braccio per scaraventarti giù dalla finestra. Prendi il caso della loro domenica che non è la domenica ma il venerdì. «I mussulmani che dipendono dallo Stato e dagli Enti pubblici o privati, quelli che escrcitano attività autonome o commerciali, quelli che sono militari o assegnati al servizio civile sostitutivo hanno il diritto di rispettare la festa religiosa del venerdì» sostiene la Bozza stesa dal Coreis (Comunità Religiosa Islamica). Sorvolando sul giorno di festa, però, quella stesa dall'Ucoii (Unione delle Comunità ed Organizzazioni Islamiche in Italia) sottolinea il diritto di partecipare alla preghiera del venerdì. Rito che si svolge nelle moschee, dura almeno un'ora, è preceduto dal lavaggio dei piedi, e di conseguenza richiede un'interruzione di lavoro abbastanza lunga. Sia la Bozza del Coreis sia quella dell'Ucoii, inoltre, aggiungono: «Nel fissare il diario degli esami le autorità scolastiche adotteranno opportuni accorgimenti onde consentire agli studenti mussulmani d'essere esaminati in un giorno diverso dal venerdì».

Domanda Numero Uno: come la mettiamo col fatto che in Italia anzi in Occidente la domenica viene di domenica, peraltro dopo il sabato che è incluso nel weekend e praticamente è una giornata non lavorativa? Come la mettiamo, insomma, col fatto che da noi la settimana lavorativa va dal lunedì al venerdì? Nessun altro credo religioso ha mai chiesto di ridurre la settimana lavorativa dal lunedì al giovedì cioè di godersi un weekend lungo tre giorni. E in base a quale privilegio le nostre autorità scolastiche dovrebbero alterare il diario degli esami, adeguarsi ai riti di Maometto? Domanda Numero Due: come la mettiamo col particolare che tra i dipendenti dello Stato e degli Enti pubblici o privati vi siano i pompieri, i ferrovieri, i piloti degli aerei, gli autisti delle ambulanze, i medici, e che tra i militari vi siano ad esempio i carabinieri cui spettano compiti di polizia? Come la mettiamo, insomma, col carabiniere che all'ora della preghiera sta arrestando un ladro o sostenendo un conflitto a fuoco? Come la mettiamo col medico che all'ora della preghiera sta eseguendo un'operazione chirurgica, o con l'autista dell'ambulanza che sta portando un ferito all'ospedale, o col pilota dell'aereo che sta decollando o atterrando, o col ferroviere che sta conducendo un treno, o col pompiere che sta spengendo un incendio? Nel 1979 le figlie di Bazargan (il primo ministro di Khomeini) mi raccontarono che una volta, all'ora della preghiera, papà s'era fermato di colpo su una freeway di Los Angeles. Sulle freeway di Los Angeles non si può neanche rallentare. Il traffico è così intenso che alla minima decelerazione provochi un'ecatombe. Eppure lui s'era fermato. Era sceso col suo tappetino, s'era inginocchiato sull'asfalto, s'era messo a pregare. Meglio: nel 1991 cioè durante la Guerra del Golfo vidi un artificiere saudita che insieme a tre Marines stava disinnescando una bomba inesplosa, e che d'un tratto interruppe la delicatissima operazione. Sordo alle urla disperate dei Marines lasciò la bomba e se ne andò borbottando: «Sorry, it is my prayer hour. Spiacente, per me è l'ora della preghiera».

Fra le pretese che sembrano innocue v'è anche quella d'interrompere il lavoro per recitare gli Allah-akbar del mattino, del mezzogiorno, del pomeriggio, del tramonto. V'è anche quella di celebrare l'inizio e la fine del Ramadan, la Festa del

Sacrificio, il Capodanno Egiriano, il 10 Dhul Hijja dell'Anno Egiriano. E quella di prendersi una vacanza supplementare per fare il pellegrinaggio alla Mecca. (Feste e vacanze alle quali si aggiungono ovviamente i nostri Natali, i nostri Capodanni, le nostre Befane, le nostre Pasque, i nostri Morti, i nostri Santi Patroni, le nostre Immacolate Concezioni, i nostri Primi Maggi, eccetera). Infine, v'è la faccenda della fotografia sui documenti d'identità, ed ecco. L'articolo 3 del Testo Unico delle Leggi di Pubblica Sicurezza stabilisce che per i documenti d'identità ci vuole una fotografia a capo scoperto cioè senza cappello. Cosa giusta in quanto il cappello nasconde i capelli e spesso la fronte e gli orecchi. Tre connotati che servono a riconoscere una persona. (Quando l'Italia non era una colonia dell'Islam, quei connotati venivano segnalati sul passaporto come la statura e la corporatura e il colore degli occhi, ricordi? Fronte alta o bassa. Orecchi normali o a sventola. Capelli biondi o neri o grigi o bianchi. Eventuale calvizie). E nessuno può negare che il turbante nasconda i capelli e gli orecchi. Nessuno può negare che insieme ai capelli e agli orecchi il chador e lo hijab nascondano la fronte nonché le tempie, gli zigomi, le mascelle, il mento e il collo. Nessuno può negare che d'una fisionomia quei copricapi rivelino soltanto gli occhi e il naso e la bocca. Però la Bozza del Coreis dichiara che in base al diritto di vestirsi secondo la tradizione i mussulmani possono esigere documenti con la fotografia a capo coperto. Ossia col chador, con lo hijab, col turbante. Cedere a quella «esigenza» significa dunque violare l'articolo 3 del Testo Unico delle Leggi di Pubblica Sicurezza. Scrivo "significa", non "significherebbe", perché in pratica la violazione è già in atto. Sai per colpa di chi? D'un ex-Ministro degli Interni ed ex-Presidente della Corte Suprema di Cassazione che il 14 marzo 1995 emise una circolare con cui informava le Questure che il divieto d'apparire col capo coperto sulle fotografie dei documenti riguardava il cappello. «Oggetto che oltre ad alterare o poter alterare la fisionomia del volto ritratto è un semplice accessorio dell'abbigliamento». Non riguardava, invece, il chador e lo hijab e il turbante. «Indumenti-che-fanno-parte-integrante-dell'abbigliamento-islamico». E concludeva: «Onde non calpestare il principio costituzionale garantito dall'articolo 19 in materia di culto e libertà religiosa, è dunque permesso porre sui documenti di identità una foto con la testa coperta da siffatti indumenti».

(*Letterina*. «Eccellenza anzi ex-Eccellenza Illustrissima. In primo luogo, il cappello non è un "semplice accessorio" ossia un oggetto frivolo e superfluo. È un indumento che d'inverno serve

a protegger la testa dal freddo. D'estate, a riparar-
la dal sole. E dacché mondo è mondo, la maggior
parte degli esseri umani lo porta per questo. Lo
portava anche il cacciatore che anni fa scoprim-
mo, mummificato, dentro un ghiacciaio delle Alpi
al confine tra l'Austria e l'Italia. Un cacciatore
dell'Età del Rame. In secondo luogo, il turbante
non è affatto parte integrante dell'abbigliamento
islamico o di quello islamico e basta. In molti paesi mussulmani non si usa o viene usato soltanto
dai mullah e dagli imam. In Turchia e in Egitto e
in Marocco portano il fez. In Arabia Saudita e in
Giordania e in Palestina eccetera, il kaffiah. Ha
mai visto Arafat o Mubarak o il re di Giordania o
il re dell'Arabia Saudita col turbante? Non è neppure un simbolo dell'Islam, il turbante. Se si fosse
informato meglio avrebbe scoperto che, lungi dal
definirlo "indumento islamico", ogni dizionario
ed ogni enciclopedia lo definiscono "copricapo
orientale o copricapo femminile". E graziaddio
l'Oriente non si compone di paesi mussulmani e
basta. Include ad esempio l'India che malgrado le
invasioni islamiche è sempre riuscita a restare in-
duista. In India il turbante si portava assai prima
che Maometto nascesse. Pensi a quelli neri dei gu-
ru, a quelli ingioiellati dei marajah, a quelli rossi
dei Sikh che non lo tolgono nemmeno per dormire e che sono acerrimi nemici dell'Islam. Del resto

anche gli Assiri portavano il turbante. In qualsiasi statua o dipinto re Sargon, Ottavo Secolo avanti Cristo, appare col turbante. E a pensarci bene, anche i copricapi degli antichi egizi erano turbanti. Incominciando dal copricapo dei faraoni e da quello che la regina Nefertiti esibisce nel famoso busto custodito al Museo Egizio di Berlino. Le donne, del resto, hanno sempre portato il turbante. Quand'ero bambina, lo portava anche la zia Bianca. Andava di moda e lei diceva: "Dona". Né è tutto. Gli estensori delle Bozze, infatti, non chiariscono mai il significato del termine "capo coperto". Non spiegano mai se per "capo coperto" intendono i capelli e basta o anche il volto. Con la Sua circolare, però, Lei gli risolse il problema. Non solo perché il chador e lo hijab coprono buona parte del volto ma perché, autorizzando la fotografia col chador o lo hijab, sia pure indirettamente Lei autorizzò anche quella col burkah o il nikab: indumenti ancor più islamici. Stando così le cose, Eccellenza anzi ex-Eccellenza Illustrissima, io Le ricordo che la Legge è Uguale per Tutti. E poiché la Legge è Uguale per Tutti, reclamo il diritto di porre sul mio passaporto una fotografia col cappello. Un cappello a larga falda, badi bene. Con la falda che mi scende sulla fronte e mi getta un'ombra sugli occhi. Lo reclamo, tale diritto, e se non mi viene riconosciuto vi denuncio tutti per discriminazione razziale e religiosa. Vi porto alla Corte dell'Aja»). E con ciò passiamo ad una delle richieste più impudenti che le suddette Bozze contengano. Quella con cui vorrebbero imporci la validità del matrimonio islamico.

* * *

Esistono due tipi di matrimonio islamico. Uno è il matrimonio classico ovvero il *nikah*: contratto che rientra nella "categoria delle vendite" e che, eventuale ripudio a parte, non ha scadenza. L'altro è il matrimonio temporaneo ossia il *mut'a*: contratto che rientra nella "categoria affitti e locazioni" e che, eventuale rinnovo a parte, può avere qualsiasi scadenza. Durare un'ora, una settimana, un mese. O quel che durò il mio quando nella città sacra di Qom, dov'ero andata per intervistar Khomeini, il mullah addetto al Controllo della Moralità mi costrinse a sposare l'interprete già sposato con la spagnola gelosa. (A proposito: ne «La Rabbia e l'Orgoglio» lasciai l'episodio inconcluso, e d'allora sono inseguita dalla domanda «Ma lo sposò o no il marito della spagnola gelosa?». Sissignori, lo sposai. Seduta stante, lo sposai. O meglio: mi sposò lui firmando il foglio che il mullah sventolava al grido di vergogna-vergogna. Sennò ci avrebbero fucilato e addio intervista a Khomeini. Però le nozze non furono mai consumate. Lo giuro sul mio onore. Conclusa la lunga intervista col vecchio tiranno me la svignai, e quel coniuge a scadenza non lo rividi mai più).

Anziché un matrimonio vero e proprio, dunque, il *mut'a* è un espediente per legittimare i rapporti occasionali. Una farisaica scappatoia per commettere adulterio senza cadere in peccato, o un trucco per prostituire e prostituirsi. Non a caso gli stessi figli di Allah ne parlano con imbarazzo, i sunniti lo hanno abolito, e gli sciiti lo praticano di nascosto. Il *nikah* invece no. E la prima cosa da dire sul *nikah* è che si tratta di nozze combinate cioè imposte dai familiari in barba alla volontà degli sposi. (Se non sbaglio, cosa inammissibile sia per la legge italiana che per la Convenzione Europea. Entrambe esigono infatti la piena e libera volontà dei nubendi). E, no: niente decisioni dettate dai sentimenti o dai ragionamenti della coppia, nel *nikah*. Niente libera e piena volontà. «L'amore inganna. L'attrazione fisica, pure. Non si può combinare il contratto nuziale pensando a queste sciocchezze: la scelta dei partner deve basarsi sull'altrui giudizio» spiega l'islamista Youssuf Qaradhami nel suo libro «Il lecito e l'illecito». Dopo che i familiari hanno firmato il contratto e

111

versato il *mahr* cioè la cifra con cui lo sposo acquista la sposa, i due nubendi non hanno neppure il diritto di conoscersi e frequentarsi come fidanzati. Se per caso s'incontrano, devono abbassare lo sguardo e guai se aprono bocca. La sposa non può aprirla neanche durante la cerimonia. Infatti non è lei che pronuncia il «sì». È il suo *wali* cioè il suo tutore, l'uomo che ha condotto le trattative. Di solito, il padre o il fratello. Perché durante la cerimonia è il padre o il fratello che sta al lato dello sposo. Che al momento culminante lo guarda negli occhi, gli sorride con tenerezza, gli stringe le mani. Manco si coniugasse lui. (Una volta la vidi, questa scena. In un albergo di Islamabad. Subito ne dedussi che i due erano omosessuali, convinta d'assistere alle nozze di due omosessuali chiesi a un invitato se il Corano le permettesse, ed essendo costui uno zio dello sposo...). «Ti do mia figlia (o mia sorella) come vuole la legge di Allah e del Profeta» dichiara il padre (o il fratello). «Prendo tua figlia (o tua sorella) come vuole la legge di Allah e del Profeta» risponde lo sposo. «L'accetti dunque?» insiste, non si sa perché, il padre o il fratello. «L'ho già accettata» risponde lo sposo. Poi i due si danno un bacino. Triplo. Si scambiano gli auguri, si dicono: «Speriamo che si riveli una buona moglie». E mentre ciò avviene la sposa se ne sta in un cantuccio, muta. Sola e muta. Per il Profeta, infatti, una sposa non può non essere d'accordo. E il suo silenzio significa «sì». Anche il suo ridere, se ride, significa «sì». Anche il suo piangere, se piange...

La seconda cosa da dire è che in Italia la poligamia è proibita. Che ad essere bigami in Italia si finisce in galera. «Non può contrarre matrimonio chi è vincolato da un matrimonio precedente» avverte l'articolo 86 del nostro Codice Civile. E l'articolo 556 del nostro Codice Penale (te l'ho già detto parlando del poligamo maghrebino che le autorità toscane non toccano per motivi-di-ordine-pubblico) aggiunge: «Chiunque essendo legato da matrimonio avente effetti civili ne contrae un altro avente effetti civili è punito con la reclusione da uno a cinque anni. Alla stessa pena soggiace chi non essendo coniugato contrae matrimonio con persona già legata da matrimonio avente effetti civili». Eppure le Bozze d'Intesa chiedono che «la Repubblica Italiana riconosca gli effetti civili del matrimonio celebrato col rito islamico». Chiedono che la facoltà di celebrare o sciogliere matrimoni secondo la legge e la tradizione islamica rimanga «intatta anche nei casi in cui quei matrimoni non hanno effetti o rilevanza civile». Lo chiedono con la consueta ambiguità, la consueta furbizia. Cioè senza rilevare che il matrimonio islamico non prescinde dalla bigamia, che in qualsiasi momento un marito può prendersi un'altra moglie e poi un'altra e poi un'altra ancora fino a quattro. Lo chiedono, inoltre, senza precisare se con la parola «matrimoni» al plurale intendono il *nikah* e basta oppure il *nikah* e il *mut'a*. Lo chiedono senza chiarire se col verbo «sciogliere» si riferiscono al divorzio oppure al ripudio. E il ripudio autorizza un marito a buttar via la moglie quando gli pare. Per buttarla via gli basta ripeter tre volte: «Talak, talak, talak». Lo chiedono, infine, senza ammettere che il termine «tradizione islamica» significa totale sudditanza della moglie. Totale schiavitù. E tale schiavitù include il diritto che il marito ha di picchiarla, frustarla, bastonarla. «Le mogli virtuose obbediscono incondizionatamente al marito. Quelle disubbidienti devono essere da lui allontanate dal suo letto e bastonate» insegna il Corano. «L'uomo è il signore indiscutibile, il padrone assoluto della famiglia. La donna non può ribellarsi alla sua autorità e se osa farlo bisogna picchiarla» aggiunge Qaradhami nel suo libro. (Stampato, bada bene, nell'anno 2000 e non 1000). Poi precisa che una moglie non può uscire di casa se il marito non vuole, non può ricever visite di parenti e di amiche se il marito non vuole, non può partecipare all'educazione dei figli se il marito non vuole, e quando lui è in torto può soltanto supplicarlo di ricredersi. A tal proposito il consigliere della Federación Española de Entidades Religiosas Islámicas, imam Mohammed Kamal Mustafa, ha scritto addirittura un Vademecum sul modo di picchiare le mogli. («Usare un bastone sottile e leggero, utile per colpirla anche da lontano. Colpirla soltanto nel corpo, nelle mani, nei piedi. Mai sul volto sennò si vedono le cicatrici e gli ematomi. Ricordarsi che le percosse devono far soffrire psicologicamente, non solo fisicamente»). E l'imam di Valencia, Abdul Majad Rejab, ha commentato: «L'imam Mustafa è islamicamente corretto. Picchiare la moglie è una risorsa». L'imam di Barcellona, Abdelaziz Hazan, ha aggiunto: «L'imam Mustafa si limita a riferire ciò che è scritto nel Corano. Se non lo facesse, sarebbe un eretico». Ma la Costituzione Italiana stabilisce l'uguaglianza dei sessi. Difende le libertà della donna. Vieta qualsiasi atto discriminatorio nei suoi riguardi. Sostiene che i coniugi godono di uguali diritti e di uguali doveri. Dichiara che sia durante il matrimonio sia dopo l'eventuale divorzio essi hanno uguali responsabilità verso i figli: sì o no? Ergo, il riconoscimento giuridico del matrimonio islamico è impossibile. La richiesta avanzata dalle Bozze d'Intesa, è inaccettabile. E altrettanto inaccettabile è quella che riguarda l'insegnamento del Corano nelle nostre scuole pubbliche. Ecco perché.

* * *

Il laicismo delle nostre scuole pubbliche
non è perfetto. Non lo è a causa dei Patti Latera-
nensi cioè del Concordato che Mussolini firmò col
Vaticano nel 1929, che la Costituente confermò nel
1947 coi voti dei comunisti guidati da Togliatti, e
che nel 1984 fu modificato abrogando soltanto
l'incostituzionale espressione «Religione di Stato».
Non lo è, in breve, per via d'un piccolo nèo chiamato Ora-Settimanale-di-Religione. Un'ora facoltativa, però. Era un'ora facoltativa, pensa, già ai
tempi in cui studiavo al liceo «Galileo Galilei» di
Firenze e facevo disperare un intelligente sacerdo-
te che si chiamava don Bensi. Infatti quando don
Bensi entrava in classe, io uscivo. Sorda ai suoi ad-
dolorati commenti, (di solito il brontolio «vai-vai,
'un-sia-mai-che-un-poero-prete-cerca-di-salvare-
l'animaccia-tua»), prendevo la merenda e andavo a
mangiarla nel corridoio. Senza rischiare vendette o
castighi, tuttavia. Tantomeno da lui che ogni volta
mi perdonava ridacchiando: «Era bòno il pani-
no?». Questo poter scegliere, questo poter accettare quell'ora o rifiutarla, minimizza il nèo. (In fondo legittimato dal fatto che la stragrande maggioranza degli italiani sia cattolica). Lo minimizza a tal
punto che nessun'altra comunità religiosa se ne dispiace. Nessun'altra pretende che nelle scuole

pubbliche si insegni il suo credo. Non lo pretende neanche quella ebraica che tra le minoranze religiose è la più ligia al proprio confessionalismo, la più esigente. Nel suo Accordo con la Repubblica Italiana, infatti, la Comunità Ebraica parla di «eventuali richieste che potrebbero venire dagli alunni o dalle famiglie per avviare uno studio sull'ebraismo nell'ambito delle attività culturali». Ma una cosa è proporre lo-studio-sull'ebraismo-nell'ambito-delle-attività-culturali e una cosa è insegnarlo nelle scuole pubbliche come lo si insegna nelle scuole private o nelle sinagoghe. Definendosi la Seconda Religione dello Stato (termine illecito in quanto lo Stato Italiano non rappresenta gli immigrati mussulmani e gli italiani convertiti all'Islam sono, ripeto, soltanto diecimila) le Bozze delle Comunità Islamiche chiedono invece che nelle nostre scuole il Corano s'insegni come s'insegna nelle loro scuole private o nelle moschee.

Lo chiedono senza ambiguità, stavolta. Cioè precisando che tale insegnamento deve svolgersi nelle aule di ogni ordine e grado, asili compresi. Sottolineando che a impartirlo devono essere maestri scelti da loro, con programmi redatti da loro e orari graditi a loro. Peggio: lo chiedono ficcando il naso nei nostri programmi scolastici, pretendendo che «attraverso le altre materie non si diffondano altri insegnamenti religiosi». E sai che cosa significa questo? Significa che nei programmi delle altre-materie dovremmo evitare riferimenti alla religione di cui la nostra cultura è imbevuta, cioè al Cristianesimo. Significa che nei programmi di letteratura non dovremmo includere ad esempio la «Divina Commedia». Poema scritto da un cane-infedele che della vita terrena ed extra-terrena aveva una visione alquanto cattolica, che all'Inferno e per l'esattezza nel Canto Ventottesimo ci sistema Maometto, e che il Paradiso lo affolla di donne. Eroine del Vecchio Testamento, sante del calendario. Nonché la signora di cui era innamorato, Beatrice Portinari, e la «Figlia di suo Figlio» cioè Maria Vergine. A pensarci bene, nei programmi di letteratura non dovremmo includere nemmeno il «Cantico delle Creature» di San Francesco e gli «Inni Sacri» di Alessandro Manzoni. Nei programmi di Storia non dovremmo parlare né di Gesù né dei suoi Apostoli, né di Barabba né di Ponzio Pilato, né dei Cristiani né delle Catacombe, o di Costantino e del Sacro Romano Impero. Dovremmo inoltre eliminare le lotte tra i Guelfi e i Ghibellini, le resistenze opposte dai siciliani e dai romani e dai campani e dai toscani e dai veneti e dai friulani e dai pugliesi e dai genovesi alle invasioni islamiche. Dovremmo passar sotto silenzio Carlo Martello e Giovanna d'Arco, la caduta di Costantinopoli e la battaglia di

Lepanto. E dai programmi di filosofia dovremmo cancellare le opere di Sant'Agostino e di Tommaso d'Aquino, di Lutero e di Calvino, di Cartesio e di Pascal. Dai programmi di Storia dell'Arte dovremmo spazzar via tutti i Cristi e le Madonne di Giotto e di Masaccio, del Beato Angelico e di Filippino Lippi, del Verrocchio e del Mantegna, di Raffaello e di Leonardo da Vinci e di Michelangelo. In musica dovremmo eliminare tutti i Canti Gregoriani, tutti i Requiem incominciando dal *Requiem* di Mozart o da quello di Verdi, e guai al maestro o alla maestra che fa cantare in classe l'*Ave Maria* di Schubert... Sembrano paradossi, vero? Sembrano battute di spirito, esagerazioni grottesche. Invece no: sono ragionamenti anzi vaticinii basati sulla realtà che stiamo vivendo. Qualche cane-infedele, infatti, quei mascalzoni ce lo hanno già messo alla gogna. Uno è proprio Dante Alighieri che col pretesto del Canto Ventottesimo vorrebbero bandire dalle medie-superiori, nonché sloggiare dalla sua tomba di Ravenna per «frantumarne le ossa e disperderle al vento». Un altro è il pittore Giovanni da Modena che l'anno 1415, nella cattedrale di San Petronio a Bologna, dipinse un minuscolo affresco dove Maometto si trova appunto all'Inferno. Dopo aver inviato al Papa e al cardinale di Bologna una lettera in cui il minuscolo affresco viene definito «un'offesa inaccettabile ai mussulmani del mondo intero» hanno promesso di distruggerlo. E una volta ci hanno già provato. Più o meno ciò che fanno in Francia quando chiedono di mettere al bando Voltaire. Colpevole, lui, d'aver scritto «Le Fanatisme ou Mahomet le prophète» tragedia nella quale, istigato da Maometto, il giovane protagonista ammazza il padre e il fratello.

* * *

Quanto alle richieste di cui non ho ancora parlato, bè... La più bonaria riguarda le mense che in ogni azienda pubblica o privata, ogni carcere, ogni ospedale, ogni caserma, ogni scuola di ordine e grado, devono avere cibi islamici. Carne halal eccetera. (E va da sé che in pratica tali mense esistono già senza gli accordi pretesi dalle Bozze d'Intesa. Nelle carceri dove i detenuti sono in gran parte algerini o marocchini o tunisini o albanesi o sudanesi la carne halal ha sostituito quella dei nostri mattatoi. Il maiale è praticamente scomparso, e a proposito: chi ci guadagna in questo business della carne halal? Soltanto i pii sgozzavitelli di Torino oppure una mafia islamica simile a quella che esiste in Francia?). La richiesta più antipatica riguarda invece la sepoltura dei loro defunti. Cosa che nel rito islamico avviene a fior di terra e dopo aver avvolto il cadavere in un semplice lenzuolo, niente cassa da morto, e che è rigorosamente proibita dalle nostre Leggi sull'Igiene. La più odiosa, però, la più scandalosa, è quella che pretende di «collaborare alla tutela del patrimonio storico, artistico, ambientale, architettonico, archeologico, archivistico, librario dell'islamismo». Questo, allo scopo di «agevolare la raccolta e il riordinamento dei beni culturali islamici». (Quali beni-culturali-islamici, sfrontati?!? Quale patrimonio-storico-artistico-ambientale-architettonico-archeologico-archivistico-librario dell'islamismo, sfacciati?!? In Italia i vostri avi non hanno portato nulla fuorché il grido «Mamma li turchi». Non hanno lasciato nulla fuorché le lacrime delle creature che nelle città costiere e in Sicilia i vostri pirati hanno ucciso o stuprato o rapito per rimpinguare i mercati degli schiavi al Cairo, a Tunisi, ad Algeri, a Rabat, a Istambul. Le donne e i neonati da vendere agli harem dei sultani e dei visir e degli sceicchi ammalati di sesso e pedofilia. Gli uomini da stroncare nelle vostre cave di pietra, i bambini e i giovinetti da trasformare in macchine da guerra. In giannizzeri. Da Mazzara a Siracusa, da Siracusa a Taranto, da Taranto a Bari, da Bari ad Ancona, da Ancona a Ravenna, da Ravenna a Udine, da Genova a Livorno, da Livorno a Pisa, da Pisa a Roma, da

Roma a Salerno, da Salerno a Palermo, i vostri avi sono sempre venuti per prendere e basta. Razziare e basta. Quindi nei nostri musei, nei nostri archivi, nelle nostre biblioteche, tra i nostri tesori archeologici e architettonici, non c'è un bel nulla che vi appartenga).

E, mentre scrivo, la domanda «ma come siamo arrivati a questo» risorge. Mentre risorge mi chiedo per quale mancanza di acume o per quale destino la gente come me non si sia accorta in tempo che ci stavamo arrivando. Mentre me lo chiedo la memoria torna agli Anni Sessanta, mi porta al lontano maggio del 1966 quando a Miami, in Florida, intervistai un pugile nato col nome di Cassius Clay. Ma con la conversione all'Islam diventato Muhammad Alì.

CAPITOLO 5

Mi ci porta perché quell'intervista avrebbe dovuto aprirmi gli occhi. O almeno indurmi al sospetto che negli Stati Uniti stesse accadendo qualcosa di molto, molto pericoloso. In prospettiva, più pericoloso della Guerra Fredda cioè dell'incubo nel quale vivevamo allora. Negli Anni Sessanta, infatti, un'insolita ondata di studenti islamici venuti dall'Africa mussulmana e finanziati dai paesi arabi aveva invaso le università americane con lo slogan «Revival of Islam». Rinascita dell'Islam. E la setta nota come «The Nation of Islam» o «Black Muslims Movement» aveva scatenato una bellicosa campagna di proselitismo. A New York, a Boston, a Filadelfia, Chicago, Detroit, Atlanta, Denver, Los Angeles, San Francisco eran sorte molte moschee e sebbene la maggioranza della popolazione nera si identificasse col reverendo battista Martin Luther King non pochi afro-americani stavano diventando seguaci di Maometto. Per l'esattezza, i Black Muslims. Oh, li ricordo bene i Black Muslims. E non erano simpatici, te lo assicuro. Senza che nessuno li denunciasse per razzismo sostenevano l'assoluta superiorità della razza nera e la conseguente inferiorità della razza bianca. Verso i bianchi nutrivano un odio feroce, Martin Luther King lo disprezzavano al punto di chiamarlo «zio Tom» o «pesce lesso», e a guidarli tenevano un tipo che non faceva certo mistero delle sue intenzioni. Elijah Muhammad nato Eliah Poole. «Convertire, convertire, convertire. Fratelli, presto dovremo convertir pure i diavoli bianchi. Convertire sarà una necessità inderogabile. Perché soltanto liberando gli Stati Uniti potremo liberare l'Europa ossia l'intero Occidente» diceva Elijah Muhammad nato Eliah Poole. Fino al 1965 c'era stato anche il discutibile personaggio convertitosi all'Islam nel penitenziario dove scontava una lunga condanna per furti con scasso: Malcolm X nato Malcolm Little. Quel Malcolm X che i giovani d'oggi conoscono soltanto attraverso la santificazione tributatagli da Hollywood con un famoso film da cassetta. Che nel 1963 aveva commentato l'assassinio di John Kennedy dicendo «hanno-arrostito-il-pollo» ma che colto da un'imprevista crisi di misticismo nel 1964 s'era messo a parlare di fratellanza. Sicché il 21 febbraio del 1965 i suoi discepoli lo avevan freddato a colpi di rivoltella e al suo posto ora c'era Louis Abdul Farrakhan nato Louis Eugene Walcott. Un cantante di calypso che gestiva la moschea Numero Sette di Harlem e il cui delirio razzista si riassumeva nelle seguenti parole: «L'inferiorità della razza bianca e della religione cristiana è dimostrata dal fatto che, incominciando dalle scoperte scientifiche, tutte le conquiste dell'umanità sono merito dell'Islam. L'unico bianco degno di rispetto è il mio idolo Adolf Hitler che ha eliminato tanti ebrei». Comunque la star del momento era Muhammad Alì nato Cassius Clay, nel 1966 celeberrimo in quanto deteneva il titolo di campione del mondo dei pesi massimi.

Lo giudicai uno scherzo della natura, Muhammad Alì nato Cassius Clay, e non lo presi sul serio. Del resto come si fa a prender sul serio uno che dice: «Io sono il più grande, il più bello. Io sono così bello che meriterei tre donne per notte. Sono così grande che soltanto Allah può mettermi K.O.». Oppure: «Ho scelto il nome Muhammad perché Muhammad significa Degno di Ogni Lusinga. E io son degno d'ogni lusinga». Oppure: «Se ho mai scritto una lettera, mai letto un libro? Noddavvero. Io non scrivo lettere, non leggo libri. Non ne ho bisogno perché ne so più di voi. So ad esempio che Allah è un Dio più antico del vostro Geova e del vostro Gesù, e che l'arabo è una lingua più vecchia dell'inglese. L'inglese ha solo quattrocento anni». Oppure: «Che farò dopo il pugilato? Bè, forse diventerò capo d'uno Stato africano che avendo bisogno d'un leader supremo si chiede: perché non prendiamo Muhammad Alì che è tanto forte e bello e coraggioso e religioso?». Oppure: «Se anziché in Florida vivessi in Alabama, voterei per chi non mischia i bianchi coi neri. Io non voto pei tipi come Sammy Davis che sposano la bionda svedese. I cani devono stare coi cani, le piattole devono stare con le piattole, i bianchi devono stare coi bianchi». Voglio dire: anche da un punto di vista umano non trovai nulla di rispettabile in quel ventiquattrenne stupido e cattivo, sbruffone e ignorante, bravo a tirar pugni e basta. Però vi furono un paio di momenti in cui mi colse il dubbio che non prenderlo sul serio fosse un errore. Che il suo caso, insomma, avesse più significato di quanto sembrasse. La prima volta, (gli incontri furono due), quando esplose in una frase degna del personaggio volterriano che per amor di Maometto ammazza il babbo. «Io Elijah Muhammad lo amo più della mia mamma. Perché Elijah Muhammad è mussulmano e la mia mamma è cristiana. Io per Elijah Muhammad posso anche morire. Per la mia mamma, no». La seconda volta, quando i Black Muslims che gli affollavano la casa si scagliarono fisicamente contro di me. Era molto ostile, infatti. Molto astioso. Anziché rispondere alle mie domande sbuffava, si grattava, mangiava immense fette di

126

cocomero e mi ruttava in faccia. (Di proposito, bada bene. Per offendermi. Per ricordarmi che le piattole devono stare con le piattole, i bianchi coi bianchi. Non per digerir meglio ossia per semplice inciviltà). Rutti così ciclopici, così altisonanti, così puzzolenti, che alla fine persi la pazienza. Gli gettai in faccia il microfono del registratore, mi alzai, e scandendo un sacrosanto «Go to Hell, va' all'inferno, razza d'animale» me ne andai. Mi diressi verso il taxi che m'aspettava. Bè, lì per lì lui non reagì. Annichilito dallo stupore rimase con l'ennesima fetta di cocomero a mezz'aria e non ebbe neppure la forza d'abbattermi con uno dei suoi implacabili knock-out. (Gli sarebbe bastato un colpo di pollice). I Black Muslims, invece, mi inseguirono. Guidati dal suo Consigliere Spirituale (un certo Sam Saxon) raggiunsero il taxi sul quale ero nel frattempo salita, e urlando «sporca cristiana» lo circondarono. Presero a sbatacchiarlo, sollevarlo, tentar di capovolgerlo, e... La strada era deserta. L'autista terrorizzato (un nero con la croce copta al collo) non riusciva ad accendere il motore, allontanarsi. Se per caso non fosse passata una macchina della polizia (miracolo che mise a dura prova la mia miscredenza) non sarei qui a raccontarla.

Il dubbio che non prenderli sul serio fosse un errore mi sfiorò anche dopo, intendiamoci. Ad esempio quando seppi che grazie al mangiatore di cocomeri il proselitismo islamico s'era rafforzato. (E non dimenticare che in America, oggi, l'ottantacinque per cento dei mussulmani sono neri. Che i neri si convertono al ritmo di centomila ogni anno, che molti convertiti appartengono al mondo dello sport. Uno è l'ex-campione dei pesi massimi Mikhail Abdul Aziz nato Mike Tyson. Quello che durante il combattimento morde anzi mangia gli orecchi dell'avversario. Un altro è il campione di basket Kareem Abdul-Jabbar nato Lew Alcindor. Un altro ancora, Mahmoud Abdul-Rauf nato Chris Jackson. Pure lui campione di basket. E di recente hanno pescato pesci grossi anche nel mondo dello spettacolo. Denzel Washington, il premio Oscar che interpretò Malcolm X, per incominciare. Poi l'ultramiliardario sgambettatore cui piace dormire con i bambini e che a forza di cure dermatologiche nonché strazianti plastiche facciali è riuscito a non esser più nero, a non aver più i lineamenti d'un maschio nero, sicché ora sembra una ragazza bianca senza naso. Insomma Michael Jackson). Però lo respinsi, quel dubbio, dicendomi che i Black Muslims erano il frutto d'una società nella quale l'eccessivo rispetto per le religioni partoriva sempre qualche profeta o qualche credo insensato. Non erano sorti in America i Mormoni della Church of Jesus Christ of the Latter-Day Saints ossia i seguaci di quel Joseph Smith che predicava la poligamia illimitata e aveva ben cinquantaquattro mogli? Non erano sorti in America i Testimoni di Geova ossia i seguaci di quel Charles Taze Russell che insegnava a sputare sulla bandiera e che pur definendosi cristiano rifiutava il crocifisso e il concetto di redenzione? Non erano sorti in America i Christian Scientists ossia i seguaci di quella Mary Baker Eddy che nella Bibbia vedeva la cura d'ogni malattia e guai a chiamare il dottore, guai a ricoverarsi in ospedale, guai a prendere un sulfamidico o un'aspirina? (Esistono ancora, i Christian Scientists, e ogni tanto qualcuno di loro finisce in carcere per aver lasciato morire un bambino di polmonite o d'appendicite). Non erano sorti in America i perversi della Church of Satan ossia i seguaci di quell'Anton LaVey che in Satana vedeva la fonte d'ogni goduria? Pensai anche che gli studenti africani entrati nelle università per propagandare la Rinascita dell'Islam fossero un fenomeno passeggero oppure il prodotto d'un flusso migratorio simile a quello che in America stava portando tanti cubani e tanti messicani. E ingannata dal ragionamento non m'accorsi che, favorito dalla fine del nostro colonialismo, il medesimo flusso si verificava in Europa. In Inghilterra ad esempio dove lo slogan Rinascita dell'Islam veniva dal Pakistan, dall'Uganda, dalla Nigeria, dal Sudan, dal Kenya, dalla Tanzania. In Francia dove veniva dall'Algeria, dalla Tunisia, dal Marocco, dalla Mauritania, dal Ciad, dal Camerun. In Belgio dove veniva dal Congo e dal Burundi. In Olanda dove veniva dall'Indonesia e dal Surinam e dalle Molucche. In Italia dove veniva dalla Libia, dalla Somalia, dall'Eritrea. (L'Università per Stranieri di Perugia, quell'anno, traboccava di libici che insieme ad altri figli di Allah avevano costituito l'Unione Studenti Mussulmani d'Italia e che in Italia si accingevano ad erigere la prima moschea). Non compresi insomma che lungi dall'essere un normale flusso migratorio il fenomeno faceva parte d'una strategia ben precisa, d'un disegno basato sulla penetrazione graduale non sull'aggressione brutale e diretta contro tutti i cani-infedeli del pianeta. Non a caso negli Anni Sessanta lo slogan Rinascita dell'Islam stava diffondendosi anche nell'Unione Sovietica. In particolare nel Kazakistan, nel Kirghizistan, nel Turkmenistan, nell'Uzbekistan, nel Tagikistan ossia le regioni conquistate a suo tempo dall'Orda d'Oro, e nel cuore della stessa Russia cioè nel Territorio Autonomo dei Ceceni. Quei ceceni coi quali alla fine del Millesettecento la stessa Caterina la Grande aveva avuto a che fare, contro i quali nel Milleottocento gli zar avevano lottato per quarantasette anni, che soltanto nel 1859 lo Zar Alessandro II aveva domato...

* * *

Non lo comprese nessuno, del resto. La
Guerra Fredda distraeva da tutto, fagocitava tutto. Non si parlava che di comunismo, a quel tempo. Di marxismo, di leninismo, di bolscevismo, di
socialismo, di comunismo. Mai che si udisse la parola islamismo. Dentro la Guerra Fredda s'era in-
serita inoltre la guerra in Vietnam, e nel 1966 questa era montata disperatamente. In aprile i B52
avevano bombardato per la prima volta il Nord, e
a Saigon i vietcong avevano risposto con un massacro all'aeroporto di Tan Son Nhut. In maggio i
buddisti avevan preso ad arrostirsi col ritmo di
due monaci o di due monache al giorno, e i nord-
vietnamiti infiltrati al Sud avevan toccato le 90.000
unità. Le truppe americane, le 300.000 unità. Presto avrebbero raggiunto il mezzo milione, e...

L'altra notte ho fatto un viaggio a ritroso
in quel passato. Quasi volessi rimproverarmi di
non aver capito, vi ho cercato indizi simili a quelli
del Mangiatore di Cocomeri. Ma non li ho trova-
ti. Nel 1967 ero in Vietnam. Nel 1968, nel 1969,
nel 1970, pure. E anziché immagini di minareti e
di moschee la memoria mi ha restituito le strade
di Saigon, le risaie del Delta del Mekong, le fore-
ste degli Altipiani, i morti in uniforme e senza
uniforme. Anziché i berci dei muezzin mi ha ri-

portato il tun-tun-tun degli elicotteri e delle mitra-
gliatrici, i tonfi sordi delle cannonate, il fischiare
dei razzi, i lamenti dei feriti che in inglese e in vietnamita invocavano la mamma. «Mammy, mammy,
mammy...». «Mama, mama, mama...». Mi son rivista a Dak To, a My Tho, a Da Nang, a Na Trang,
a Tri Quang, a Kontum, a Quang Ngai, a Phu Bai,
a Hué, ad Hanoi, a Saigon dove un giorno del
1968 arrivano tre giornalisti francesi che vengono
da Parigi. In quel momento, la roccaforte dei parolai esperti nell'arte di imbrattare i muri cioè dei
cosiddetti Sessantottini. E dove, rivolto al vietnamita che trasmette i telex della France Presse, uno
dei tre esclama con tronfio sussiego: «Vous ne savez pas ce qu'il passe à Paris, mon vieux. Lei non
sa quel che succede a Parigi, vecchio mio». Sicché
il vietnamita del telex lo squadra con sprezzante
malinconia, poi risponde: «Vous ne savez pas ce
qu'il passe ici, Lei non sa che succede qui, Monsieur». (Succedeva l'Offensiva di Maggio, la sanguinosa battaglia di Hué, il tragico assedio di Khe
Sanh. E s'era appena spenta la terrorizzante Offensiva del Tet). Frugando dentro il 1968 mi son
rivista anche a Memphis, Tennessee, dove Martin
Luther King era stato appena assassinato. Mi son
rivista anche a Los Angeles dove era stato appena
assassinato Bob Kennedy. Mi son rivista anche a
Città del Messico cioè nella strage di Plaza Tlate-

lolco e nella morgue dov'ero finita tra i cadaveri. E neanche lì ho visto minareti e moschee, neanche lì ho udito i berci dei muezzin, neanche lì ho colto riferimenti all'Islam. Nel 1969, è vero, ci fu il primo episodio di terrorismo islamico. L'aereo dirottato a Fiumicino dalla signora Leila Khaled e fatto esplodere a Damasco. Ma nel 1969 io stavo ad Hanoi, a Son Tay, a Hoa Binh, a Ninh Binh, a Thanh Hoa, insomma nel Nord Vietnam dove si pensava a ben altro: te lo assicuro. Nel 1970, è vero, quel terrorismo si scatenò in pieno. L'aereo della Swissair esploso in volo con quarantotto passeggeri. I cinque aerei dirottati poi fatti saltare in aria... Riemerse anche l'antisemitismo, quell'anno. Un antisemitismo di cui la sinistra schierata con gli arabi si fece subito portavoce e portabandiera. E col riemergere dell'antisemitismo, la moda del vittimismo diffuso attraverso il lavaggio cerebrale della gente in buona fede. «Poveri palestinesi, ad ammazzarci ci sono costretti, no? La colpa è di Israele che gli ha rubato la patria». Ma nel 1970 io stavo a Svai Rieng, a Prei Veng, a Kompong Cham, a Tang Krasang, a Roca Kong, a Phnom Penh, insomma in Cambogia. La guerra del Vietnam s'era estesa alla Cambogia e laggiù i lamenti mammy-mammy e mama-mama assordavano più delle cannonate. La Rinascita dell'Islam non si vedeva proprio...

Guarda, il mondo che avevo intravisto coi Black Muslims di Miami lo ritrovai soltanto nel 1971. Cioè quando andai nel Bangladesh per la guerra indo-pakistana e a Dacca vidi l'eccidio dei giovanotti-impuri. (Vidi anche la cava di cemento dove un paio di giorni prima i mussulmani di Mujib Rahman avevano massacrato ottocento indù, e dove i corpi degli ottocento indù giacevano abbandonati all'appetito degli avvoltoi. Migliaia di avvoltoi che srotolavano in cielo lunghissime stelle filanti. Ma non erano stelle filanti. Erano le viscere che fra strida agghiaccianti loro ghermivan col becco e si portavan via in volo...). Lo ritrovai a Dacca, quel mondo: sì. Però incominciai a frequentarlo soltanto nel 1972, quando per un anno accantonai il Vietnam e decisa a capire chi fossero i poveri-palestinesi-costretti-ad-ammazzarci mi recai nel paese che essi avevano invaso come avrebbero invaso il Libano. Cioè la Giordania. Qui visitai le basi segrete da cui partivano per attaccare i kibbutz e testimoniai la protervia con cui spadroneggiavano ad Amman, la brutalità con cui irrompevano negli alberghi degli stranieri e puntando il kalashnikov si facevan consegnare i soldi. Qui intervistai il nipote dell'ex-Gran Muftì di Gerusalemme cioè del famoso Mohamed Amin al-Husseini che tra il nazionalsocialismo e l'islamismo trovava «profonde similitudini». Che a Norimberga era stato processato in contumacia perché per anni aveva spinto i paesi arabi ad allinearsi con la Germania nazista. Che nel 1944 s'era recato a Berlino per rendere omaggio a Hitler. Che in Bosnia, gridando Morte-a-Tito-amico-degli-ebrei-e-nemico-di-Maometto, aveva tenuto a battesimo la «Handzar Trennung» ossia la divisione composta da ventunmila bosniaci delle SS Islamiche. E che, protetto dai palestinesi, ora si nascondeva a Beirut.

Si chiamava Yassir Arafat, il nipote di tanto zio, e l'intervista con Arafat servì solo a dimostrare che l'ereditarietà genetica non è un'opinione. Ma dopo Amman andai a Beirut. Qui intervistai il suo rivale George Habash cioè il capo del Fronte Popolare per la Liberazione della Palestina, l'uomo al quale nei primi Anni Settanta dovevamo la maggior parte degli attentati in Europa. E l'intervista con George Habash (già medico e già cristiano, bada bene, già una specie di dottor Schweitzer) mi schiuse gli occhi. Perché, mentre una coscienziosa guardia del corpo lo proteggeva puntandomi il mitra alla testa, con gran chiarezza Habash mi spiegò che il nemico degli arabi non era Israele e basta: era anche l'Occidente. L'America, l'Europa, l'Occidente. Tra i bersagli da colpire citò infatti l'Italia, la Francia, la Germania, la Svizzera, e qui ascoltami bene. Non perdere una parola, una virgola, di ciò che riferisco. Ecco qua: «La nostra rivoluzione è un momento della rivoluzione mondiale. Non si limita alla riconquista della Palestina. Bisogna essere onesti ed ammettere che noi vogliamo arrivare a una guerra come la guerra in Vietnam. Che vogliamo un altro Vietnam. E non solo per la Palestina ma per tutti i paesi arabi. I palestinesi fanno parte della Nazione Araba. È dunque necessario che l'intera Nazione Araba entri in guerra contro l'America e contro l'Europa. Che contro l'Occidente scateni una guerra totale. E la scatenerà. America ed Europa sappiano che siamo appena all'inizio dell'inizio. Che il bello deve ancora venire. Che d'ora innanzi non vi sarà pace per loro». E poi: «Avanzare passo per passo, millimetro per millimetro. Anno dopo anno. Decennio dopo decennio. Determinati, ostinati, pazienti. È questa la nostra strategia. Una strategia, peraltro, che allargheremo».

* * *

Oh, sì: me li schiuse, gli occhi. Sì. Il guaio è che non me li aprì del tutto. Sai perché? Perché (mea culpa, mea culpa) credetti che Habash si riferisse soltanto agli attentati, alle stragi. Non compresi che parlando di guerra all'Occidente, di strategia-da-allargare, non intendeva soltanto la guerra che si fa con le armi. Intendeva anche la guerra che si fa rubando un paese ai suoi cittadini. Passo per passo, appunto, millimetro per millimetro. Anno dopo anno, decennio dopo decennio. Determinati, ostinati, pazienti. La guerra insomma che si fa col vittimismo e l'asilo politico, con le donne incinte e i gommoni e le Bozze d'Intesa, con le pretese che di volta in volta diventano più arroganti. Oggi le festività islamiche, il venerdì, le cinque preghiere, la carne halal, il volto velato sui documenti. Domani il matrimonio islamico, la poligamia e magari la lapidazione dell'adultera o della stuprata. Dopodomani, i Beni Culturali da sottrarre ai musei o agli archivi o alle biblioteche...

Forse non lo compresi a causa delle tragedie che nel 1972 ci insanguinarono. L'intervista con Habash era avvenuta a metà marzo, e il 30 maggio ci fu l'assalto suicida all'aeroporto di Lod. Il 4 agosto, il sabotaggio all'oleodotto di Trieste. Il 16 agosto, l'episodio delle due turiste inglesi che a Roma s'erano imbarcate per Tel Aviv e che in valigia avevan messo il mangianastri regalatogli da due corteggiatori arabi. (Un mangianastri imbottito di tritolo). Il 5 settembre, l'attacco alle Olimpiadi di Monaco e la morte degli undici atleti israeliani... Che il terrorismo non fosse l'unico aspetto della strategia lo compresi, invece, quando nell'ottobre del 1973 la Siria e l'Egitto attaccarono Israele. Cioè quando esplose la guerra del Kippur o guerra del Ramadan e, contemporaneamente, i paesi dell'Opec ci imposero l'embargo del petrolio. Ma che l'Islam ci riservasse sorprese ancor più inquietanti, lo sospettai soltanto nel 1974. Cioè quando, nel corso d'una intervista, Giulio Andreotti (allora capo del governo) mi parlò di quelli-che-bevono-le-aranciate. «Eh! Certo i problemi non mancano... Ora c'è anche quello di quelli che bevono le aranciate...». «E chi sono quelli-che-bevono-le-aranciate, Andreotti?». «I mussulmani, no?». «E che vogliono quelli-che-bevono-le-aranciate?!?». «Una grande moschea a Roma». Poi col suo tono distaccato e beffardo mi raccontò che quattro mesi prima dell'embargo impostoci dai paesi dell'Opec il pio Faysal re dell'Arabia Saudita era venuto a Roma. Affogando in fiumi di aranciate e guai ad offrirgli un goccio di spumante o di moscatello s'era incontrato col presidente della Repubblica Giovanni Leone e aveva chiesto il permesso di erigere una grande moschea. Me ne indignai. «Andreotti! Non lo sa che in Arabia Saudita non ci lasciano costruire neanche una cappellina o un tabernacolo?!?». «Eeh...!». «E poi che se ne fanno, quelli-che-bevono-le-aranciate, d'una grande moschea a Roma? I mussulmani sono così pochi in Italia!». «Eeh...!».

«Non gli avrete mica detto di sì?!?». «Eeh...!». «E il Papa che ne pensa?!?». «Eeh...!». Il papa era Montini, insomma Paolo VI. Un tipo al quale non poteva piacere che una grande moschea sorgesse a Roma. E glielo dissi. Gli ricordai anche che era stato Maometto a vedere nella capitale del Cristianesimo, in Roma, la futura capitale dell'Islam. Ma Andreotti non rispose. Non chiarì nemmeno se all'idea fosse sfavorevole o no. Esauriti quei sospiri che sembravano svuotargli i polmoni cambiò discorso, e purtroppo lo cambiai anch'io. Poi tornai in Vietnam. Cadde Saigon, finì la guerra, Alekos Panagulis morì. Abbandonai il giornalismo, e Andreotti non lo rividi mai più. Però il disagio avvertito coi suoi sibillini «eeh...» mi rimase addosso. Col disagio, il sospetto che in Italia anzi in Europa l'Islam stesse combinando qualcosa di grosso. Infatti nel mio esilio dal giornalismo continuai ad occuparmi della faccenda, e un giorno venni a sapere che Andreotti aveva convinto il riluttante Montini. In barba al principio di reciprocità il sindaco di Roma aveva regalato al Centro Culturale Islamico tre ettari di terreno per eriger la grande moschea. Venni anche a sapere che per volontà del Centro Culturale Islamico cui premeva esprimere architettonicamente la superiorità-dell'Islam l'architetto italiano aveva disegnato un minareto di ottanta metri. Cioè due volte più alto di tutte le cupole e di tutti i campanili di Roma. Che da ciò era nato un aspro dissenso e che molto a malincuore i bevitori di aranciate s'erano accontentati di farlo alto trentanove metri e venti centimetri...

La costruzione, è noto, durò molti anni. Le spese furono sostenute al settanta per cento dall'Arabia Saudita. Il resto dall'Egitto, dalla Libia, dal Marocco, dalla Giordania, dal Kuwait, dagli Emirati Arabi, dal Bahrein, dal Sultanato dell'Oman, dallo Yemen, dalla Malesia, dall'Indonesia, dal Bangladesh, dalla Mauritania, dal Senegal, dal Sudan, e dalla Turchia. (Rieccoci con la Turchia). La posa della prima pietra avvenne l'11 dicembre 1984 e il 7 ottobre 1985 i palestinesi di Abu Abbas espressero la loro gratitudine sequestrando la nave da crociera «Achille Lauro» nonché ammazzando un vecchio paralitico (il passeggero ebreo-americano Leon Klinghoffer) e buttandolo in mare con la sedia a rotelle. Né è tutto, visto che due mesi e mezzo dopo i palestinesi di Abu Nidal (palestinesi di stanza a Roma) irruppero all'aeroporto di Fiumicino e a raffiche di mitra uccisero sedici persone, ne ferirono ottanta. Mentre la moschea cresceva, infatti, il numero di quelli-che-bevono-le-aranciate cresceva con lei. Quando nel 1995 venne inaugurata con solenne cerimonia, la sala ipostila e il cortile non bastavano a contenerli. Le scarpe e i sandali allineati lungo la strada occupavano tutto il perimetro dei tre ettari regalati. Però a quel punto erano sorte anche la grande moschea di Parigi, la grande moschea di Bruxelles, la grande moschea di Marsiglia. Erano sorte le grandi e piccole moschee di Londra, di Birmingham, di Bradford, di Colonia, di Amburgo, Strasburgo, Vienna, Copenaghen, Oslo, Stoccolma, Madrid, Barcellona. E in Andalusia stava nascendo la grande moschea di Granada. Come nel Kazakistan. Come nel Kirghizistan. Come nel Turkmenistan, nell'Uzbekistan, nel Tagikistan, dove coi soldi dell'Arabia Saudita e del Kuwait e della Libia la Rinascita dell'Islam era scoppiata appena caduto il Muro di Berlino. È dunque giunto il momento di rispondere con chiarezza alla domanda che per ben due volte ho lasciato in sospeso. La domanda: come siamo arrivati a questo, che cosa c'è dietro a tutto questo.

*   *   *

C'è, ecco la verità che i responsabili hanno sempre taciuto anzi nascosto come un segreto di Stato, la più grossa congiura della Storia moderna. Il più squallido complotto che attraverso le truffe ideologiche, le sudicerie culturali, le prostituzioni morali, gli inganni, il nostro mondo abbia mai prodotto. C'è l'Europa dei banchieri che hanno inventato la farsa dell'Unione Europea, dei Papi che hanno inventato la fiaba dell'Ecumenismo, dei facinorosi che hanno inventato la bugia del Pacifismo, degli ipocriti che hanno inventato la frode dell'Umanitarismo. C'è l'Europa dei capi di Stato senza onore e senza cervello, dei politici senza coscienza e senza intelligenza, degli intellettuali senza dignità e senza coraggio. L'Europa ammalata, insomma. L'Europa vendutasi come una sgualdrina ai sultani, ai califfi, ai visir, ai lanzichenecchi del nuovo Impero Ottomano. Insomma l'Eurabia. Ed ora te lo dimostro.

CAPITOLO 6

No, non l'ho inventato io questo termine
terrificante. Questo atroce neologismo che deriva
dalla simbiosi delle parole Europa ed Arabia. *Eurabia* è il nome della rivistina che nel 1975 venne
fondata dagli esecutori ufficiali della congiura:
l'Association France-Pays Arabes di Parigi, il
Middle East International Group di Londra, il
Groupe d'Études sur le Moyen Orient di Ginevra,
e il Comitato Europeo di Coordinamento delle
Associazioni di Amicizia col Mondo Arabo. Organismo, quest'ultimo, costituito ad hoc da ciò che a
quel tempo si chiamava Cee ossia Comunità Economica Europea e che oggi si chiama Unione Europea. Del resto non sono mie neanche le prove
che sto per fornire. Quasi tutte si devono alla
straordinaria ricerca che Bat Ye'or, la grande
esperta dell'Islam e autrice di «Islam and Dhimmitude» (Dhimmitude significa Sottomissione ad
Allah, Servitudine, e Bat Ye'or significa Figlia del
Nilo), pubblicò nel dicembre del 2002 sull'*Obser-
vatoire du Monde Juif*. «Ah, se riuscissi a dimostrare che Troia brucia per colpa dei collaborazioni-

sti!» esclamai un giorno spiegandole che le cicale ormai le chiamavo collaborazionisti. «Semplice» rispose Bat Ye'or. Poi mi spedì la straordinaria ricerca, (lei abita in Svizzera), e leggerla fu come scoperchiare una pentola di cui non conoscevi il contenuto ma di cui avevi ben annusato i pessimi odori. Conteneva, infatti, tutte le sconsideratezze degli Anni Settanta, tutte le aberrazioni dei nove paesi Cee. La Francia del gollista Pompidou, una Francia intossicata dalla consueta bramosia di napoleonizzare l'Europa, per incominciare, e la Germania del socialdemocratico Willy Brandt. Una Germania dimezzata dal Muro, sì, ma resuscitata e di nuovo pronta ad imporre i suoi diktat. E dietro quelle due, a reggerne lo strascico, i vassalli e le comparse. Tra le comparse, un'Inghilterra decaduta e infiacchita quindi non più in grado di sostenere la sua leadership nonché un'Irlanda rissosa e socialistoide che non conta un fico ma che si comporta come se contasse. Tra i vassalli, un'Olanda sinistrorsa e sbarazzina. Una Danimarca chiusa in sé stessa e confusa. Un Lussemburgo disperatamente docile e in fondo al cuore più piccolo della sua minuscola superficie. Un Belgio eternamente accodato a maman-la-France. E un'Italia fanatizzata dai social-comunisti ma nel medesimo tempo asservita ai democristiani. Burattinaio dell'orrendo connubio che presto sarebbe sfociato nello squallore del Compromesso Storico, il filo-arabo Andreotti che a quelli-delle-aranciate non aveva ancora promesso la moschea di Roma ma che di aranciate ne beveva almeno quante i comunisti innamorati di Arafat. Non a caso teneva a battesimo la banca italo-libica chiamata Ubae o Unione Banche Arabe Europee cioè se la faceva col turpe Gheddafi. Ed ora vediamo quel che dice la ricerca di Bat Ye'or.

Dice che a fecondare l'ovulo ormai maturo, l'ovulo della congiura, fu lo spermatozoo (lei lo chiama grilletto, detonatore) del 16 e 17 ottobre 1973. Ossia la Conferenza che durante la guerra dello Yom Kippur o Guerra del Ramadan i rappresentanti dell'Opec (Arabia Saudita, Kuwait, Iran, Iraq, Qatar, Abu Dhabi, Bahrein, Algeria, Libia, eccetera) tennero a Kuwait City dove ipso facto quadruplicarono il prezzo del petrolio. Da due dollari e 46 centesimi al barile quello greggio lo portarono a nove dollari e 60 centesimi. Quello raffinato, a dieci dollari e 46 centesimi. Poi annunciarono che avrebbero ridotto l'estrazione con un crescendo mensile del 5 per cento, misero l'embargo agli Stati Uniti nonché alla Danimarca e all'Olanda, e dichiararono che questa misura l'avrebbero estesa a chiunque avesse respinto o non sostenuto le loro richieste politiche. Quali richieste? Ritiro di Israele dai territori occupati, riconoscimento dei palestinesi, presenza dell'Olp in tutte le trattative di pace, applicazione del principio contenuto nella Risoluzione 242 dell'Onu. (Quello che basato su un pacifismo a senso unico cioè a favore dei paesi arabi e basta vieta d'acquisir territori attraverso la guerra). Eppure i Nove Paesi della Cee cedettero al ricatto. Diciannove giorni dopo si riunirono a Bruxelles e in un batter d'occhio firmarono un documento con cui proclamavano che Israele doveva abbandonare i territori occupati, che l'Olp ed Arafat dovevano partecipare alle trattative di pace, che il principio contenuto nella Risoluzione 242 era sacrosanto. Il 26 novembre Pompidou e Brandt ebbero il tête-à-tête più intimo che la Francia e la Germania si fossero concesse dal tempo di Vichy, in preda al pànico conclusero che bisognava fare un incontro al vertice per aprire un dialogo col mondo arabo anzi gettar le basi d'una solida amicizia con la Lega Araba, poi ne informarono i colleghi e... E incominciando dagli italiani tutti si dissero d'accordo. Presenti gli sceicchi dell'Opec, infatti, pochi giorni dopo il Dialogo Euro-Arabo si aprì con l'Incontro al Vertice di Copenaghen e l'estate seguente i convegni o colloqui si susseguirono a un ritmo quasi scandaloso. Nel giugno 1974, la Conferenza di Bonn che delineò il programma. In luglio quella di Parigi dove il Segretario Generale della Lega Araba e il presidente della Cee costituirono l'«Associazione Parlamentare per la Cooperazione Euro-Araba», organismo composto da deputati e senatori scelti dai vari governi della Cee. In settembre, quella di Damasco. In ottobre, quella di Rabat...

* * *

Scrivo queste date e, sebbene mi siano ormai familiari, provo una specie di stupore misto a incredulità. Perché mioddio: non si trattò d'una congiura tramata nel buio da sconosciuti o da avanzi di galera noti soltanto alle Questure e all'Interpol. Si trattò d'una congiura eseguita alla luce del sole, sotto gli occhi di tutti, davanti alle camere da presa della Tv, e condotta da leader famosi. Politici noti, persone alle quali i cittadini avevano dato il voto ossia la loro fiducia. Avrebbe potuto esser bloccata, dunque. Neutralizzata. Il fatto è che agiron proprio sfruttando la luce del sole, le camere da presa, i riflettori, il loro prestigio o presunto prestigio. Con tale sfacciataggine, inoltre, che nessuno se ne accorse. Nessuno sospettò, e noi finimmo beffati come il Prefetto di Parigi nel racconto di Edgar Allan Poe. Hai presente il racconto di Poe, «La lettera rubata»? Uomo di genio e privo di qualsiasi principio morale,

monstrum-horrendum capace di qualsiasi bassez-
za, il celebre Ministro D. ha rubato dal boudoir
regale una lettera importantissima. Un documento che può attribuirgli vantaggi incalcolabili e rovinare il mondo. Il Prefetto di Parigi deve dunque
recuperarla, e non potendo accusar di furto un
personaggio così importante organizza una finta
rapina. Si introduce nel suo palazzo e sovverte
ogni sala, ogni stanza, ogni corridoio, ogni ripo-
stiglio, ogni angolo. Fruga in ogni cassetto, sfoglia
ogni libro, perquisisce ogni panno del guardaro-
ba. Ma invano. Perché, invece di nasconderla, il
monstrum-horrendum l'ha messa in evidenza.
L'ha infilata in una custodia che appesa a un bel
cordoncino di seta blu ciondola dal caminetto del
suo studio. Lo studio dove riceve tutti, bada bene. Il caminetto sul quale entrando tutti posano lo
sguardo. E una custodia dalla quale la lettera fuo-
riesce di due o tre centimetri col suo sigillo. Rico-
noscibile, dunque, visibile anche ad un cieco. Eppure il Prefetto non la vede. O meglio: la vede ma
il dubbio che sia quella e stia sotto gli occhi di tutti, alla portata di tutti, non lo sfiora nemmeno...
Voglio dire: li vedevamo eccome i ministri che bevevano le aranciate con gli sceicchi e gli emiri e i
colonnelli e i sultani. Li vedevamo sui giornali, ai
telegiornali. Distinguibili come una custodia che
appesa a un bel cordoncino di seta blu ciondola

da un gancio del caminetto. Ma ignorando il vero motivo per cui bevevano tante aranciate non sospettavamo che la lettera rubata fosse dentro i loro bicchieri, e questo ci rendeva ciechi. Alla Conferenza di Damasco i governi europei parteciparono, pensa, con tutti i rappresentanti dei partiti politici. Alla Conferenza di Rabat accettarono in pieno le condizioni che la Lega Araba aveva posto a proposito di Israele e dei palestinesi. A Strasburgo, l'anno successivo, l'Associazione Parlamentare per la Cooperazione Euro-Araba istituì addirittura un Comitato Permanente di ben trecentosessanta funzionari da tenere a Parigi. (Trovata a cui seguì il Convegno del Cairo poi quello di Roma). Quasi nel medesimo tempo la rivistina col terrificante nome di *Eurabia* venne alla luce, e con ciò eccoci alla prova che nel 1975 l'Europa era già stata venduta all'Islam.

È una prova inconfutabile, e così inquietante che per accertarmene mi sono procurata i vecchi numeri di *Eurabia*. (Stampata a Parigi, in francese, e diretta dal signor Lucien Bitterlin. Formato 21 per 28, prezzo cinque franchi). Nella speranza che Bat Ye'or avesse capito male ho controllato i suoi riferimenti, e ahimè: aveva capito benissimo. Di notevole, infatti, il primo numero contiene soltanto la cura con cui ciascun articolo evita d'usare le parole Islam-islamico-mussulmano-Corano-Maometto-Allah. (Al loro posto, sempre le parole arabi e Arabia). Di significativo, soltanto lo stizzoso editoriale con cui il signor Bitterlin afferma che l'avvenire dell'Europa è «direttamente legato» a quello del Medioriente sicché gli accordi economici della Cee devono dipendere dagli accordi politici e questi devono riflettere la sua completa identità di vedute col mondo arabo. Il secondo numero, invece, dà i brividi. Perché a parte un altro stizzoso editoriale con cui il signor Bitterlin impone alla Cee di cancellare un certo patto con Israele e rivendica il «contributo millenario dato dagli arabi alla civilizzazione universale», sai che contiene? Le proposte presentate nel Convegno del Cairo dal belga Tilj Declerq (membro della Associazione Parlamentare per la Cooperazione Euro-Araba) e dal Convegno approvate nonché integrate nella delibera detta Risoluzione di Strasburgo. E lo sai di che parla la Risoluzione di Strasburgo? Dei futuri immigrati. Per l'esattezza, degli immigrati che i paesi arabi spediranno insieme al petrolio in Europa.

Senti che roba. «Una politica a medio e lungo termine deve d'ora innanzi essere formulata attraverso lo scambio della tecnologia europea con il greggio e con le riserve di mano d'opera araba. Scambio che portando al riciclaggio dei petrodollari favorirà in Europa e in Arabia una completa integrazione economica. O la più completa possibile». Ed oltre: «L'Associazione Parlamentare per la Cooperazione Euro-Araba chiede ai governi europei di predisporre provvedimenti speciali per salvaguardare il libero movimento dei lavoratori arabi che immigreranno in Europa nonché il rispetto dei loro diritti fondamentali. Tali diritti dovranno essere equivalenti a quelli dei cittadini nazionali. Dovranno inoltre stabilire uguale trattamento nell'impiego, nell'alloggio, nell'assistenza sanitaria, nella scuola gratuita eccetera». Sempre evitando accuratamente di usare le parole Islam, islamico, mussulmano, Corano, Maometto e Allah, la Risoluzione di Strasburgo parla anche delle «esigenze» che sorgeranno quando l'umana merce di scambio giungerà in Europa. Anzitutto, «l'esigenza di mettere gli immigrati e le loro famiglie in grado di praticare la vita religiosa e culturale degli arabi». Poi «la necessità di creare attraverso la stampa e i vari organi di informazione un clima favorevole agli immigrati e alle loro famiglie». Infine, quella di «esaltare attraverso la stampa e il mondo accademico il contributo dato dalla cultura araba allo sviluppo europeo». Temi, questi, che dal Comitato Misto di Esperti vennero ripresi con le seguenti parole: «Insieme all'inalienabile diritto di praticare la loro religione e di mantenere stretti legami coi loro paesi d'origine, gli immigrati avranno quello di esportare in Europa la loro cultura. Ossia di propagarla e diffonderla». (Hai letto bene?).

Al Cairo il Comitato Misto degli Esperti fece anche qualcos'altro. Chiarì che dal campo puramente tecnologico la cooperazione europea avrebbe dovuto estendersi al campo bancario, finanziario, scientifico, nucleare, industriale, e commerciale. Peggio. Affermò che oltre ad inviare la mano-d'opera (leggi merce-di-scambio) i paesi arabi si impegnavano ad acquistare in Europa «massicce quantità di armi». Non fu negli Anni Settanta, infatti, che scoppiarono gli scandali per il traffico illecito di armi? Non fu negli Anni Settanta che la Francia incominciò a costruire il complesso nucleare in Iraq? Non fu negli Anni Settanta che le nostre città presero a riempirsi di «mano-d'opera» ossia dei lavavetri fermi ai semafori e degli ambulanti specializzati in matite e chewingum? (Nel 1978, lo ricordo bene, a Firenze occupavano già il Centro Storico. «Ma quando sono arrivati?!?» chiesi un giorno al tabaccaio di piazza Repubblica. E lui allargò le braccia, sospirò: «Boh! Una mattina ho aperto i' negozio e l'eran tutti qui. Secondo me ce l'hanno paracadutati di notte que' farabutti di' nostro governo d'accordo con que' ladroni degli sceicchi che chiedono un miliardo pe' una goccia di benzina»). E non fu allora che gli

arabi incominciarono a fare shopping in Europa?
Non fu allora che Gheddafi comprò il 10 per cento della Fiat? Non fu allora che l'egiziano Al Fayed mise gli occhi sui magazzini Harrods di Londra?
Tutto compravano, tutto. Calzolerie, grandi alberghi, acciaierie, antichi castelli. Linee aeree, case editrici e cinematografiche, antichi negozi di via Tornabuoni e Faubourg-Saint-Honoré, yacht da capogiro. A un certo punto volevano comprare anche l'acqua. Me lo disse Yamani.

* * *

Nell'agosto del 1975, quindi due mesi dopo la Risoluzione di Strasburgo e il Convegno del Cairo, intervistai il ministro del petrolio saudita Zaki Yamani: lo sceicco che aveva guidato l'embargo del 1973 e che più di chiunque altro finanziava Arafat. Oh, sono molte le cose che di Yamani non dimenticherò mai. L'astutissimo esame al quale in ben cinque incontri preliminari (Londra, Gedda, Riad, Damasco, Beirut) mi sottopose prima di darmi l'intervista che finalmente avvenne nella sua residenza di Taif, anzitutto. L'abilità con cui all'aeroporto di Gedda evitò un mio nuovo scontro col suo amico Arafat che per l'appunto si trovava lì. (Con le tasche piene di soldi appena ricevuti). Il turbamento con cui mi raccontava la decapitazione (fatta con una spada d'oro) del giovane principe che aveva assassinato re Faysal. L'ambiguità con la quale cercava la mia amicizia ficcandomi in bocca i pessimi fichi del suo giardino e lo stoicismo con cui sopportava le mie proteste furibonde. L'occhio dell'agnello (a quanto pare un boccone prelibato) che un giorno mi rifilò come i fichi e che io sputai inorridita, fra atroci bestemmie. L'eleganza con la quale, a dispetto del Corano, mi offriva lo champagne di cui la sua cantina di Taif abbondava. Il fatto che per correggere il mio ateismo volesse portarmi alla Mecca. (Ben coperta da un burkah, s'intende). E la mesta canzone che sua figlia Maha cantava ogni sera suonando la chitarra: «Take me away! Please, take me away!». (Portatemi via! Per favore, portatemi via!). Ma la cosa più indimenticabile rimane ciò che mi disse quando dal petrolio il discorso scivolò sull'acqua. Su re Mida che muore di sete e vuol comprarsi l'acqua.

«Mille e mille anni fa» mi disse «in Arabia avevamo fiumi e laghi. Poi evaporarono ed oggi non abbiamo un solo fiume, un solo lago. Faccia un giro con l'elicottero e vedrà soltanto qualche torrentello sulle montagne. Dai tempi di Maometto dipendiamo dalle piogge e basta, da cento anni cade pochissima pioggia, e da venticinque quasi nulla. Le nuvole sono attratte dalla vegetazione e la vegetazione qui non esiste. Sia chiaro: sottoterra l'acqua c'è. Però molto, molto, in profondità. Più in profondità del petrolio. E quando trivelliamo per cercarla, schizza fuori il petrolio. Così abbiamo deciso di non toccarla, di serbarla per il momento in cui saremo meno ricchi, e ci accontentiamo dell'acqua desalinizzata. L'acqua del mare. Però l'acqua desalinizzata non basta, ed io vorrei comprare acqua dolce dai paesi cui vendiamo il petrolio. Comprarla, metterla in grossi contenitori di plastica, e poi trasferirla in bacini di riserva cioè in laghi artificiali. Tanto, dopo aver scaricato il petrolio, le navi cisterna devono rientrare: no? E non posson mica rientrare vuote. A navigar vuote rischiano di rovesciarsi. Per non farle navigare vuote ora le riempiamo con l'acqua di mare, acqua sporca, e questo è uno spreco. È anche un errore perché, quando all'arrivo le vuotiamo, quell'acqua sporca inquina le nostre coste. Uccide i pesci. L'acqua dolce costa, lo so, e i laghi artificiali costano un'enormità. Ma di soldi ne abbiamo fin troppi. In questi due anni, cioè dall'embargo in poi, ne abbiamo accumulati tanti che è sorto l'impellente problema di spenderli. E dove li spendiamo se non in Occidente, in Europa? Chi deve aiutarci a smaltire tutti quei soldi se non l'Occidente, l'Europa? Io ho un progetto per spendere 140 miliardi di dollari in cinque anni. E se non si materializza, siamo rovinati. Ci merita dunque comprare la vostra acqua...».

Bè, quell'acqua non gliela abbiamo venduta. L'acqua da mettere nei bacini di riserva, intendo dire. L'acqua che il dizionario definisce «liquido trasparente, incolore, inodore, insapore, costituito di ossigeno e idrogeno, indispensabile alla vita vegetale e animale, e in chimica espresso con la formula H_2O». Ch'io sappia, per l'H_2O ci siam limitati alle acque minerali con cui i re Mida ci fanno anche la doccia. Però gli abbiamo venduto un'acqua ancor più preziosa. Un'acqua che ci è indispensabile quanto l'acqua dei fiumi e delle sorgenti. Un'acqua senza la quale un popolo appassisce come un albero su cui non cade mai pioggia sicché a un certo punto appassisce. Perde le foglie, non produce più né fiori né frutti, perde anche le radici, diventa legna da ardere. Parlo dell'acqua che è l'acqua della nostra cultura. L'acqua dei nostri principii, dei nostri valori, delle nostre conquiste. L'acqua della nostra lingua, della nostra religione o del nostro laicismo, della nostra Storia. L'acqua della nostra essenza, della nostra indipendenza, della nostra civiltà. L'acqua della nostra identità.

CAPITOLO 7

Gliela abbiamo venduta, sì, quell'acqua. E da trent'anni gliela rivendiamo ogni giorno. Di più, sempre di più, con la voluttà dei suicidi e dei servi. Gliela rivendiamo attraverso i governi pavidi e incapaci, doppiogiochisti e voltagabbana. Gliela rivendiamo attraverso le opposizioni che tradiscono il loro passato laico e bene o male rivoluzionario. Gliela rivendiamo attraverso le cosiddette autorità giudiziarie cioè i magistrati vanesi e smaniosi di pubblicità. Gliela rivendiamo attraverso i giornali e le televisioni che per convenienza o viltà o disonestà diffondono le nequizie del Politically Correct. Gliela rivendiamo attraverso una Chiesa Cattolica che non sa più dove va e che sul pietismo, il buonismo, il vittimismo ha costruito un'industria. (Sono le associazioni cattoliche che amministrano il sussidio statale agli immigrati. Sono le associazioni cattoliche che si oppongono alle espulsioni anche se chi deve essere espulso è stato colto con l'esplosivo o con la droga in mano. Sono le associazioni cattoliche che procurano l'asilo politico, nuova formula dell'invasione. Domanda: ma l'asilo

politico non si dava ai perseguitati politici?!?).
Gliela rivendiamo anche attraverso i professorini
del mondo accademico, gli storici o presunti storici, i filosofi o presunti filosofi, gli studiosi o presunti studiosi che da trent'anni denigrano la nostra
cultura per dimostrare la superiorità dell'Islam.
Ma, soprattutto, gliela rivendiamo attraverso i
mercanti del Club Finanziario che oggi si chiama
Unione Europea e che ieri si chiamava Cee. Perché insieme allo scambio di merce umana e petrolio, tu-mi-dài-il-petrolio-e-io-mi-piglio-la-merce-
umana, la Risoluzione di Strasburgo avanzava
un'altra pretesa: ricordi? L'esigenza di «esaltare il
contributo che la cultura araba ha dato allo sviluppo europeo». Insieme ai diritti «equivalenti ai diritti dei cittadini», il Convegno del Cairo ne stabili-
va un altro: ricordi? Il diritto che gli immigrati
mussulmani avrebbero avuto di «propagandare e
diffondere la propria cultura». I due punti, cioè,
che dovevano avviare l'islamizzazione dell'Europa.
La trasformazione dell'Europa in Eurabia. E per
realizzarli i mercanti della Cee non si rivolsero soltanto ai giornalisti, ai cineasti, agli editori, ai magistrati vanesi eccetera: si rivolsero ai professorini
che ho detto. Li tirarono fuori dall'ombra della loro pochezza, un'ombra che ne garantiva la dispo-
nibilità, e con essi incominciarono a realizzare la
seconda parte della Congiura.

Sai con quale aiuto? L'aiuto del Vaticano. Sotto il patrocinio del presidente della Cee e del Segretario Generale della Lega Araba il 28 marzo del 1977, alla Ca' Foscari di Venezia, si aprì infatti il primo «Seminario sui Mezzi e sulle Forme di Cooperazione per la Diffusione della Lingua Araba e della sua Civiltà Letteraria». E ad organizzarlo non fu soltanto l'Istituto per l'Oriente di Roma con la Facoltà di Lingue Straniere dell'Università di Venezia. Fu il Pontificio Istituto di Studi Arabi e Islamistica. Presenti i delegati di dieci paesi arabi (Egitto, Algeria, Tunisia, Libia, Arabia Saudita, Giordania, Siria, Iraq, Yemen, Sudan) e di otto paesi europei (Italia, Francia, Belgio, Olanda, Inghilterra, Germania, Danimarca, più la Grecia non ancora appartenente alla Cee) durò tre giorni, il colpaccio. Il 30 marzo si concluse con una Risoluzione che all'unanimità chiedeva la diffusione della lingua araba nonché della cultura araba in Europa, e da quel momento i professorini non si fermarono più. Per dimostrare la superiorità dell'Islam non fecero che riscriver la Storia come nei romanzi «Noi» di Zamjatin e «1984» di Orwell. Riscriverla, falsarla, cancellarla. Pensa a quel che accadde nell'aprile del 1983 cioè quando il Ministro degli Esteri tedesco Hans-Dietrich Genscher inaugurò per il Dialogo Euro-Arabo il Simposio di Amburgo e per almeno un'ora cantò la grandezza, la misericordia, la benignità, la ineguagliabile ricchezza scientifico-umanistica della civiltà islamica. La chiamò Faro di Luce. «Una luce che per secoli aveva illuminato l'Europa, aiutato l'Europa a uscire dalla barbarie»... Quel simposio durante il quale quasi tutti chiesero rispettosamente scusa per il colonialismo che gli ingrati europei avevano inflitto al Faro di Luce. Quasi tutti espressero disprezzo per coloro che verso l'Islam nutrivano ancora pregiudizi o riserve. Quel simposio durante il quale la nostra cultura venne umiliata a tal punto che i delegati arabi ne approfittarono per rivendicare le origini islamiche del giudaismo e del cristianesimo. Ossia per presentare Abramo come «profeta di Allah» non capostipite di Israele, e Gesù Cristo come un pre-Maometto fallito. Senza che nessuno osasse opporsi. Protestare, almeno balbettare: «Siete tutti usciti di senno?!?».

Oh, in quel simposio si parlò anche di immigrati: intendiamoci. Non a caso il vocabolo «equivalenza» lì divenne «uguaglianza», e proprio lì s'incominciò a dire che i diritti degli immigrati mussulmani (non buddisti o induisti o confuciani o greco-ortodossi) dovevano essere uguali ai diritti dei cittadini che li ospitavano. Proprio lì s'incominciò a chiedere che per gli immigrati mussulmani fossero stampati giornali in arabo, create emittenti radiofoniche in arabo, stazioni televisive in arabo. Proprio lì s'incominciò a sollecitare misure per «incrementare la loro presenza nei sindacati, nei municipii, nelle università, nonché per esplorare la loro partecipazione alla vita politica del paese ospitante». (Leggi voto). E da quel giorno i congressi, i convegni, i colloqui, i seminari, i simposi divennero sempre di più un'orgiastica apoteosi della civiltà-islamica. Uno svilimento o addirittura una condanna della civiltà occidentale.

Orgiastica, sì. Di quei congressi e convegni e colloqui e seminari e simposi sono riuscita a procurarmi i testi completi, me li sono studiati, e credimi: in ciascuno di essi l'apoteosi è così unanime che par di leggere «Allahs Sonne über dem Abendland» ossia «Il Sole di Allah brilla sull'Occidente». Il famoso saggio in cui l'orientalista Sigrid Hunke sostiene l'assoluta superiorità dell'Islam e afferma che l'influenza esercitata dagli arabi sull'Occidente è stata il primo passo per liberar l'Europa dal Cristianesimo. (A suo parere una religione del tutto estranea anzi opposta alla nostra mentalità). Il guaio è che la signora Hunke era una fottuta nazista. Erudita quanto vuoi, intelligente quanto vuoi, ma fottuta nazista. Lo era già nel 1935, quando appena ventiduenne dette una tesi di laurea in cui diceva che la pulizia razziale era un compito urgente. Che insomma gli ebrei andavano eliminati in fretta. Lo era ancor di più nel 1937, quando, erede spirituale di Ludwig Ferdinand Clauss l'eminente storico della Germania nazional-socialista, scrisse una dissertazione nella quale definiva Hitler «il più gran modello che la Storia avesse mai offerto al popolo tedesco». Lo era più che mai agli inizi degli Anni Quaranta, quando insieme a sua sorella venne affiliata al Germanistischer Wissenschafteinsatz ossia al Servizio Germanistica Scientifica delle SS. L'organismo concepito e gestito da Himmler per germanizzare l'Europa del Nord. Lo era in ugual misura quando, nei medesimi anni, i palestinesi e gli altri arabi firmavano patti di alleanza con Hitler e lo zio di Arafat cioè il Gran Muftì di Gerusalemme passava in rassegna i reparti delle SS Islamiche. Lo era anche nell'immediato dopoguerra, quando tanti nazisti furono processati a Norimberga e impiccati o condannati all'ergastolo ma lei se la cavò senza un graffio. E più che mai lo era quando nel 1960 scrisse «Il Sole di Allah brilla sull'Occidente». Libro che con la scusa di strappare l'Europa alle radici giudaico-cristiane risolvera tutti gli argomenti del Terzo Reich. Incluso quello relativo all'utilità di allearsi con gli arabi per combattere l'imperialismo britannico. (A quel tempo l'antiamericanismo si chiamava antibritannismo). Infine lo era nel 1967 quando il governo tedesco allora presieduto dal democristiano

Kurt Georg Kiesinger la mandò a fare un tour culturale nei paesi arabi cioè tener conferenze ad Aleppo, ad Algeri, a Tunisi, a Tripoli, al Cairo dove la Corte Suprema degli Affari Islamici la dichiarò membro-onorario. E naturalmente lo era nel 1990, cioè nove anni prima di morire, quando per un editore islamico scrisse il suo ultimo libro: «Allah ist ganz anders», «Allah è tutt'altra cosa». (Ossia incomparabile). E detto ciò lasciami parlare del convegno che insieme al Consiglio d'Europa ma su proposta della Fundación Occidental de la Cultura Islámica, longa manus del Dialogo Euro-Arabo a Madrid, nel maggio del 1991 l'Assemblea Parlamentare dell'Unione Europea celebrò a Parigi col titolo «Il contributo della civiltà islamica alla cultura europea». Convegno al quale gli arabi non intervennero. Salvo due americani col cognome coranesco e il passato barricadero, stavolta tutti i delegati erano europei. Spagnoli, francesi, belgi, tedeschi, italiani, svizzeri, scandinavi.

Lo scelgo per questo. E mentre riguardo il volume che raccoglie gli interventi, centottantacinque pagine fitte, lo sdegno si trasforma in sgomento. Perché tutti (spero senza rendersene conto) partecipano all'apoteosi ricalcando fedelmente le tesi hitleriane di Sigrid Hunke. Tutti si rifanno ad «Allahs Sonne über dem Abendland» o ad «Allah ist ganz anders». E l'unanimità anzi la sincronia con cui quegli spero ignari discepoli di Sigrid Hunke esprimono il loro ossequio all'Islam è tale che invece d'ascoltare un gruppo di studiosi sembra di veder sfilare la Wehrmacht in Alexanderplatz. A passo d'oca. Sempre bravi, secondo loro, i mussulmani. Sempre primi della classe, sempre geniali. In filosofia, in matematica, in gastronomia. In letteratura, in architettura, in medicina. In musica, in giurisprudenza, in idraulica. E sempre cretini, noi occidentali. Sempre inadeguati, sempre inferiori. O sempre in ritardo. Quindi nelle condizioni di dover ringraziare un figlio di Allah che ci ha preceduto, illuminato, istruito come un maestro che guida un alunno zuccone.

* * *

Ai tempi dell'Unione Sovietica, ricordi, c'era Popov. Non lo sapeva nessuno chi fosse stato questo Popov. In quale epoca e in quale regione fosse vissuto, quale volto avesse avuto, e quali prove della sua esistenza avesse lasciato. Non si sapeva nemmeno se Popov fosse un nome o un cognome o un soprannome. Peggio, un'invenzione. Però i sovietici e i trinariciuti italiani dicevano che aveva inventato tutto lui. Il treno, il telegrafo, il telefono, la cerniera lampo, la bicicletta.

La macchina da cucire, la falciatrice, il violino, i maccheroni, la pizza. Insomma tutte le cose che credevamo d'avere inventato noi. Bè, con gli spero ignari discepoli di Sigrid Hunke succede lo stesso. Unica differenza, il fatto che i loro Popov si chiamino Muhammad o Ahmad o Mustafa o Rashid. E che invece d'appartenere all'Unione Sovietica, esprimere la Superiorità del Comunismo, appartengano al passato remoto dell'Islam ed esprimano la Superiorità dell'Islam. Per esempio: io credevo che il sorbetto si mangiasse già al tempo degli antichi romani i quali lo fabbricavano con la neve portata dalle montagne e conservata nelle cantine a bassa temperatura. Invece la signora Margarita Lopez Gomez della Fundación Occidental de la Cultura Islámica a Madrid mi racconta che l'hanno inventato i Popov di Allah. Che in Mesopotamia la neve si conservava meglio di quanto noi si conservi il cibo in frigorifero, che la parola «sorbetto» viene dall'arabo «sharab». Credevo anche che la carta l'avessero inventata e diffusa i cinesi. Per l'esattezza, un certo Tsai-lun che nel 105 dopo Cristo (quindi 500 anni prima di Maometto) riuscì a fabbricarla con le fibre di gelso e di bambù. Invece, sempre stando alla signora Lopez Gomez, l'hanno inventata i mussulmani di Damasco e di Bagdad e l'hanno diffusa i loro discendenti di Cordova e di Granada. (Naturalmente, le città più splendide e civili che il mondo avesse mai avuto. Roba in confronto a cui l'antica Atene di Pericle e l'antica Roma di Augusto diventavano squallidi villaggi). E poi credevo che lo studio della circolazione sanguigna l'avesse iniziato Ippocrate. Invece no. Secondo quella signora lo iniziò Ibn Sina cioè Avicenna. Né è tutto, visto che per il professor Sherif Mardin della Washington University (uno dei due americani col cognome coranesco e il passato barricadero) ai Popov dell'Islam dobbiamo pure i carciofi. Inclusi i carciofi alla giudea, cioè i carciofi che la gente cattiva come me usa attribuire ai giudei. E coi carciofi gli dobbiamo gli spinaci, le arance, i limoni, il sorgo, il cotone. Cosa strana, questa del cotone, in quanto a scuola avevo imparato che il cotone gli antichi romani lo importavano dagli egiziani al tempo dei faraoni. Ci facevano i pepli, le toghe, i lenzuoli, e se non sbaglio la medesima cosa accadeva con gli antichi greci.

Il professor Mardin, però, non si ferma alle verdure. Sostiene che alla civiltà islamica dobbiamo anche il Dolce Stil Novo, scuola poetica che come tutti sanno venne fondata nel 1200 dal bolognese Guinizelli ma fiorì in Toscana e in particolare a Firenze con Dante Alighieri, Guido Cavalcanti e Lapo Gianni. («Guido, i' vorrei che tu e Lapo ed io...»). Perché furono i mussulmani delle

Crociate, dice, che per primi cantarono l'amore e la cortesia e la cavalleria. Furono loro che per primi videro nella donna una fonte di ispirazione, un mistico strumento di elevazione. Il professor Louis Baeck dell'Università Cattolica di Lovanio in Belgio, idem o quasi. Lui infatti afferma che il contributo dell'Islam non si limita alla letteratura. Si estende all'economia. Perché il padre della dottrina economica, dice, non è Adam Smith: è Maometto. Sebbene all'argomento il Corano non dedichi che qualche sura, le norme religiose del Profeta riassumono tutte le idee di Adam Smith. Il professor Reinhard Schulze del Seminario Orientalistico di Bonn, invece, assegna all'Islam la paternità dell'Illuminismo. Basta, ruggisce, con l'attribuire all'Occidente ogni merito dell'Illuminismo. Basta col presentare l'Europa settecentesca come un vulcano di vitalità intellettuale e l'Islam come un baratro di inerzia e decadenza. Basta col dare ogni merito ai Voltaire, ai Rousseau, ai Diderot, agli Enciclopedisti. Poi tutto contento ci svela il nome del suo Popov. È Abdalghani Al-Nabulusi, storico di Damasco, il quale già nel 1730 scriveva quel che Voltaire avrebbe scritto quarantatré anni dopo nel suo «Précis sur le Procès du Monsieur le Comte de Morangies contre la Famille Verron». Ossia l'esigenza di ridefinire il ruolo della religione nella società.

(*Letterina*. «Herr Schulze, chiuda il becco. E certe teorie le lasci alla sua defunta connazionale Frau Hunke. Lo sappiamo bene che nel passato remoto dell'Islam ci sono stati anche uomini intelligenti anzi eccezionali. L'intelligenza non ha confini, riesce sempre a penetrare il muro dell'idiozia costituzionalizzata, e può darsi benissimo che tutto solo a Damasco il suo Popov abbia compreso o addirittura anticipato qualche idea degli Enciclopedisti. Magari leggendo Isaac Newton che su quell'argomento aveva già pubblicato due trattati di Storia e di Teologia. Ma a parte il fatto che una rondine non fa primavera, l'Islam ha sempre perseguitato e zittito i suoi uomini intelligenti. Incominciando dal grande Averroè. Accusato di eterodossia per la sua opera "La distruzione della distruzione", in polemica col fideista Al-Ghazali, nel 1195 Averroè fu infatti costretto a fuggire da Cordova e nascondersi a Fez dove però lo rintracciarono subito. Qui gli bruciarono i libri, lo imprigionarono come un delinquente, e soltanto qualche mese prima di morire (ormai settantaduenne), riebbe la libertà. Non a caso Ernest Renan dice che attribuire all'Islam i meriti di Averroè sarebbe come attribuire all'Inquisizione i meriti di Galileo. Herr Schulze, se esiste un secolo durante il quale l'Islam non irradiò che inerzia e decadenza questo è proprio il 1700. E se esiste una corrente del pensiero con cui l'Islam non ha mai avuto un cavolo a che fare, questa è proprio l'Illuminismo. Sa perché? Perché, come duecentoquarantacinque anni fa Diderot scrisse a madame Volland: "L'Islam è nemico della Ragione". E se i suoi amici mussulmani non aprono un poco il cervello, se al Corano e alla teocrazia non danno una bella risciacquata, nessuna Eurabia potrà mai dimostrare il contrario»).

Quanto agli italiani che in quel convegno si distinsero per l'ossequio all'Islam, Gesù! Uno era l'allora vice-Segretario Generale del Consiglio d'Europa. Uno, il diessino che a quel tempo dirigeva la Commissione Gioventù e Cultura e Sport e Media del Parlamento Europeo. Uno, il titolare della cattedra di Studi Islamici presso l'Istituto Universitario di Napoli. E leggere i loro interventi mi infonde, più che sgomento, imbarazzo e dolore. Accecato dal Faro-di-Luce, infatti, il primo trova Popov anche nelle canzonette napoletane. In "'O sole mio", dunque, e in "Funiculì-Funiculà". «Le canzonette napoletane che io canto potrebbero esser state scritte da musicisti del Nord Africa. E lo stesso può dirsi di tante canzoni siciliane o spagnole» dice il testo che ho sotto gli occhi. Poi dall'omaggio musicale passa, anche lui, a quello gastronomico. Ci informa che molti piatti siciliani, spagnoli, bulgari, greci, jugoslavi (per l'appunto i paesi che furono maggiormente straziati dal colonialismo islamico) appartengono all'arte culinaria dell'Impero Ottomano. Dall'omaggio gastronomico passa a quello teologico, e dimenticando o ignorando una celebre opera che si chiama «De unitate intellectus contra Averroistas» ci informa che San Tommaso d'Aquino fu profondamente influenzato dalla scuola di Averroè. Il secondo, invece, svaluta Giambattista Vico. Afferma che la sua Teoria dei Corsi e Ricorsi era già stata formulata trecent'anni prima da un Popov che si chiamava Ibn Khaldun. Non pago di ciò deprezza Marco Polo. Ci fa capire che le «Cronache» del viaggiatore Ibn Battuta sono più interessanti del «Milione». Ridimensiona anche Giordano Bruno. Ci rimprovera di piangere sul suo rogo e non sull'uguale martirio dell'arabo Al-Hallaj. Infine definisce l'Islam «una delle più straordinarie forze politiche e morali del mondo d'oggi». (Non di ieri, di oggi). Ci rivela che lungi dall'avere una sua identità la cultura europea è un miscuglio di culture nelle quali bisogna inserire quella islamica. Si congratula per «l'integrazione che sta nobilitando il nostro continente» e si augura che il pluriculturalismo ci rinsangui sempre di più... Il terzo, ahimè, sistema la Sicilia. Voglio dire, le glorie dell'Andalusia le estende alla Sicilia soggiogata per tre secoli dai veri autori di "'O sole mio" e "Funiculì-Funiculà". Tacendo il fatto che per quasi un secolo i siciliani si opposero come leoni alla loro avanzata, anche in quella Sicilia lui vede un'Età dell'Oro. Un'epoca così felice che, ne deduci, esser di nuovo invasi dai figli di Allah è la cosa più fortunata del mondo e anziché lamentarcene dovremmo ringraziarli. «Shukran, fratelli, shukran! Grazie di venire a portarci un'altra volta la civiltà!». Per convincere meglio gli ingrati come me rivela addirittura che in Sicilia i cristiani chiedevano di convertirsi all'Islam non per acquisire i diritti che ai cani-infedeli erano negati ma perché verso quei Popov nutrivano un'ammirazione profonda. La stessa che avrebbero nutrito i Normanni dopo averli cacciati. E va da sé che i delegati belgi o francesi lo superan, spesso, di molte lunghezze. Nel suo appassionato encomio, ad esempio, il professor Edgar Pisani direttore dell'Institut du Monde Arabe di Parigi se la piglia coi giacobini che a un certo punto della Rivoluzione Francese negoziarono con la Chiesa Cattolica, non con l'Islam...

* * *

Guarda, in queste centottantacinque pagine vedo un unico eroe: il parlamentare norvegese Hallgrim Berg che il 9 settembre successivo, all'Assemblea di Strasburgo in procinto d'approvare il rapporto del convegno, chiese la parola e sculacciò gli spero ignari discepoli di Sigrid Hunke. «Signori» disse «qui stiamo prendendoci in giro. Questo rapporto non ha niente a che fare con la Cultura Islamica vista in retrospettiva, e non è innocente quanto sembra. Non lo è, anzitutto, perché non spende una parola sull'abominevole trattamento che le donne subiscono nella cultura islamica. Tale realtà è da voi del tutto ignorata, del tutto eclissata col pretesto che sull'Islam l'Occidente ha sempre raccontato un mucchio di bugie. Ed io non voterò per un rapporto che anziché prendere posizione sul dramma delle donne mussulmane lo nasconde. Un rapporto che anziché toccare il tema dei Diritti Umani nell'Islam lo evita. Un rapporto che pur parlando di Diritti Umani non chiede all'Islam il rispetto dei Diritti Umani. Un rapporto che in più tace le verità del problema palestinese, il dilagare del fondamentalismo, gli aspetti negativi dell'Islam. Aspetti che di giorno in giorno crescono in maniera allarmante e strozzano il Dialogo Euro-Arabo. Signori, il vostro non è un dialogo. È un monologo fatto per conto dell'Islam. Un soliloquio dove in nome del pensiero liberale, della generosità intellettuale, le cose vengono viste da una parte e basta. Ma il pensiero liberale e la generosità intellettuale non funzionano quando esistono da una parte e basta. Voi chiedete, ad esempio, che siano ritirati i testi scolastici nei quali non si parla del contributo-dato-dall'Islam-allo-sviluppo-culturale-dell'Europa. E loro? Abbiamo qualche ragione per credere che loro intendano fare lo stesso, ossia spiegare nei paesi islamici il gran contributo che il Cristianesimo e i valori occidentali hanno dato ovunque e a chiunque? Chiedete anche di introdurre nel nostro sistema scolastico cioè nelle nostre università, in particolare nelle nostre facoltà di giurisprudenza, lo studio della Legge Coranica. E loro? Abbiamo qualche motivo per ritenere che lo studio delle nostre leggi e del nostro pensiero venga introdotto nelle loro facoltà di giurisprudenza, nelle loro università, nelle loro scuole? Signori, il vostro rapporto non è un documento culturale. È un documento politico che serve soltanto a puntellare gli interessi dell'Islam in Europa. In nome della democrazia io domando che sia rivisto, discusso, corretto, e...». Ma non servì a nulla. «Signor Berg, ammetterà che siamo stati molto flessibili con lei. Le avevamo concesso cinque minuti, e i cinque minuti sono passati da tempo» lo interruppe a quel punto il presidente dell'Assemblea. Poi mise ai voti la sua richiesta che subito venne respinta all'unanimità e, sempre all'unanimità, il rapporto passò. Diventò la «Recommandation 1162 sur la Contribution de la Civilisation Islamique à la Culture Européenne». Documento che, suggerendo norme ancor più tolleranti in materia di immigrazione, invitava a rivedere o a ritirare dalle scuole i testi non sufficientemente rispettosi verso l'Islam.

Invitava anche a introdurre lo studio del Corano nelle facoltà di giurisprudenza, teologia, filosofia, e storia. Non a caso il signor Berg abbandonò la politica. Lasciò Strasburgo, tornò nella sua Norvegia e, minacciando di buttar giù dalle scogliere chiunque gli rammentasse Maometto o il Parlamento Europeo si ritirò in un bosco a picco sui fiordi di Nordkinnhalvaya. Ma nemmeno lì trovò la pace che cercava, povero signor Berg. Perché proprio nella sua Norvegia, un paio di anni dopo, venne ambientato un film dal titolo «The Thirteenth Knight» (Il Tredicesimo Cavaliere). Sorta di fiaba medievale, finanziata dai Politically Correct e interpretata da un attore andaluso già distintosi nel ruolo di Mussolini giovane socialista: Antonio Banderas. E sai chi era, chi è, il Tredicesimo Cavaliere? Un mussulmano bellissimo, mitissimo, misericordiosissimo, e naturalmente religiosissimo, che scortato da un precettore non meno perfetto (Omar Sharif) verso il Decimo Secolo càpita proprio tra i fiordi di Nordkinnhalvaya. Qui incontra dodici biondacci ottusi e ignoranti quindi cani-infedeli, cavalieri sì ma ottusi e ignoranti quindi cani-infedeli, che per liberarsi d'un nemico ancor più barbaro di loro hanno bisogno delle sue islamiche virtù. E per pura nobiltà d'animo, una nobiltà che gli viene appunto dalle islamiche virtù, lui s'aggrega. Insieme ai dodici biondacci libera il villaggio, v'instaura la pace e la civiltà, poi risale a cavallo. Ritrova Omar Sharif che essendo mussulmano quindi pacifista era rimasto a pregare in una taverna, e portandosi via una norvegese chiaramente destinata ad entrare nel suo harem riparte nel sole. Il sole di Allah che brilla sull'Occidente. Il Faro-di-Luce.

*   *   *

Non so se il signor Berg si sia mai ripreso dal trauma del «Tredicesimo Cavaliere» approdato a Nordkinnhalvaya. Però so che nei convegni successivi l'invito della Recommandation 1162 si estese al campo della filologia, della linguistica, dell'economia, dell'agronomia, delle scienze politiche, nonché agli istituti tecnici. Si rafforzò con l'esortazione a creare università euro-arabe in ogni paese d'Europa, a pubblicare un maggior numero di libri islamici, a mobilitare la stampa e la radio e la televisione e l'editoria «per aprire gli occhi ai male informati». E il risultato lo vedi ogni giorno, ormai. L'estate scorsa il solito quotidiano di Roma pubblicò un articolo sull'inaugurazione della moschea di Granada. Più che un articolo, una sigrid-hunkiana laude a gloria degli andalusi che dopo cinquecento anni potevan riudire la voce dei muezzin. Ricordando che nel 1492 Isabella di Castiglia aveva non solo completato la Reconquista cioè la Cacciata dei Mori dalla Spagna ma finanziato il viaggio con cui Cristoforo Colombo contava di raggiunger le Indie, la laude si concludeva infatti con le seguenti parole. «Ci riuscì. Però scoprì anche l'America. Ed ora viviamo in un mondo che ancora patisce per il successo di quelle due imprese».

CAPITOLO 8

Non devo dimenticarle quelle parole che sembrano uscite dal cervello di Sigrid Hunke. Non devo anche perché il 12 novembre 2003, a Nassiriya, i cavalieri del «Sole-di-Allah-che-Brilla-sull'Occidente» massacrarono diciannove italiani che in Iraq stavano a fare gli angeli custodi. A fornire acqua e cibo e medicinali, a sorvegliare i siti archeologici, a recuperare i tesori razziati dai musei, a requisire le armi, insomma a riportare un po' d'ordine pubblico. Li massacrarono come tre giorni prima avevano massacrato diciassette sauditi a Riad e il 19 agosto ventiquattro funzionari dell'Onu a Bagdad. Come il 16 maggio avevano massacrato quarantacinque civili a Casablanca e il 12 maggio trentaquattro, di nuovo, a Riad. Come il 12 ottobre del 2002 avevano massacrato i duecentodue turisti di Bali e l'11 aprile dello stesso anno i ventuno di Djerba. Come l'11 settembre del 2001 avevano massacrato i tremilacinquecento di New York e di Washington e dell'aereo caduto in Pennsylvania. Come il 7 agosto 1998 avevano massacrato i duecentocinquantanove di

Nairobi e di Dar es-Salaam. E il 18 luglio del 1994 i novantacinque (quasi tutti ebrei) di Buenos Aires. E il 3 ottobre del 1993 i diciotto Marines in missione di pace a Mogadiscio. (I diciotto di cui s'eran divertiti, poi, a mutilare i corpi). E il 17 marzo del 1992 gli altri ventinove di Buenos Aires. E il 19 settembre del 1989 i centosettantuno passeggeri dell'aereo francese caduto sul deserto del Niger. E il 21 dicembre del 1988 i duecentosettanta passeggeri dell'aereo Pan American esploso sopra la cittadina scozzese di Lockerbie. E il 23 ottobre del 1983 i duecentoquarantun militari americani nonché i cinquantotto militari francesi (sempre in missione di pace) di Beirut. E questo senza contar gli israeliani che da mezzo secolo massacrano con monotona e coscienziosa quotidianità. Soltanto dalla Seconda Intifada cioè dal fine settembre del 2000 a oggi, mille israeliani. Sicché, facendo le somme ed escludendo le vittime degli Anni Settanta, si arriva ad oltre seimila morti in poco più di vent'anni. Seimila! Morti a gloria del Corano. In obbedienza ai suoi versetti. Per esempio il versetto che dice: «La ricompensa di coloro che corrompendo la Terra si oppongono ad Allah e al suo Profeta sarà di venir massacrati o crocifissi o amputati delle mani e dei piedi, ossia di venir banditi con infamia da questo mondo».

Eppure i sigrid-hunkiani per cui il 1492 fu una disgrazia, la scoperta dell'America e la cacciata dei Mori due sciagure dalle quali l'umanità non s'è ancora ripresa, si guardano bene dall'ammetterlo. Il telegiornale che la Rai trasmise la sera del 12 novembre incominciò sì col presidente della Repubblica che esercitava il suo ovvio dovere di condannare il terrorismo. Continuò sì all'insegna di tale ovvia condanna. Ci regalò perfino l'immagine d'un Parlamento che per esprimer dolore non si abbandonava alle consuete gazzarre. Però si concluse con l'onorevole Segretario dei Comunisti Italiani (durante il governo di Centro-Sinistra ministro della Giustizia) che in piazza Montecitorio, tra uno sventolare di bandiere arcobaleno, pronunciava la frase «Chi-li-ha-mandati-a-morire». Che invece di condannare gli assassini, insomma, condannava il governo. Così quella notte gli italiani si addormentarono col «Chi-li-ha-mandati-a-morire» che gli ronzava dentro le orecchie e che scagionava i veri colpevoli. L'indomani, idem. Perché l'indomani quell'ex-ministro della Giustizia ripeté a chiare note che la responsabilità dei diciannove morti andava attribuita al governo, che il governo doveva dimettersi. Peggio. Lasciando intendere che la caduta di Saddam Hussein era un'altra sciagura per l'umanità e che gli assassini di Nassiriya erano valorosi combattenti della Resi-

179

stenza, il presidente del medesimo partito disse che «L'Italia s'era unita a una guerra imperiale e coloniale». Peggio ancora. Usando il linguaggio dei medici al capezzale di Pinocchio, se-non-è-morto-è-vivo-e-se-non-è-vivo-è-morto, anche la sinistra (che astenendosi dal voto non s'era opposta all'invio dei militari in Iraq) ne chiese il ritiro. E tra i suoi deputati il termine «Resistenza» incominciò a serpeggiare. Quanto ai cosiddetti Esponenti delle Comunità Islamiche ossia i gentiluomini che hanno redatto le Bozze d'Intesa, non uno espresse una parola di biasimo o almeno di rammarico. Non uno pronunciò il vocabolo «terrorismo». Non uno. Tutti presentarono la strage come il frutto d'una legittima «Resistenza Popolare». E il presidente dell'Ucoii (Unione delle Comunità ed Organizzazioni Islamiche in Italia) disse che a Nassiriya i diciannove italiani ci stavano in «dispregio ai valori fondamentali della Repubblica». L'imam della moschea di Piazza Mercato a Napoli disse che l'Occidente stava provocando più vittime di quante ne avessero fatte le due guerre mondiali e di conseguenza la Nazione Mussulmana doveva difendersi. «Se l'Occidente non cambia rotta, verrà colpito dai fratelli che ormai stanno sotto il vessillo degli autorevoli personaggi di cui tanto si parla» (per autorevoli-personaggi, leggi Bin Laden). L'imam della moschea di Fermo, in provincia di Ascoli Piceno, disse che «gli attacchi contro gli invasori anglo-americani-italiani in Iraq e in Afghanistan sono da ricondurre alla Jihad difensiva, e rispettano i dettami coranici». L'imam della moschea annessa al Centro Culturale Islamico di Bologna disse che «i kamikaze saltati in aria a Nassiriya erano morti per una causa giusta, quindi il Profeta li avrebbe ricompensati e Allah li avrebbe riempiti di gloria».

Tutto questo mentre a Bari gli pseudorivoluzionari Padri Comboniani sentenziarono che impartire la Comunione ai militari in Iraq era sbagliato. «Se neghiamo l'ostia consacrata a chi divorzia e a chi pratica l'aborto, come possiamo impartire questo sacramento a coloro che imbracciando un'arma sono pronti ad uccidere?». E il 16 novembre, nella cattedrale di Caserta, durante la messa domenicale del pomeriggio, il non-esimio vescovo Raffaele Nogaro pronunciò un'omelia durante la quale disse che era sbagliato anche benedire le bare dei militari massacrati a Nassiriya. Che benedicendo quelle bare si legittimava l'uso delle armi. Che era penoso assistere alle celebrazioni cui l'Italia si stava abbandonando in loro onore. Celebrazioni su chi-aveva-portato-la-guerra-in-Iraq.

(*Letterina*. «Signor Vescovo, io lo so che a svergognarLa coram populo Le faccio un regalo di cui non è degno. Una pubblicità che non merita e di cui si servirà sconciamente. In qualsiasi altra circostanza, infatti, mi sarei guardata bene dall'elargirLe una simile soddisfazione. Ma il reato di cui si macchiò domenica 16 novembre 2003, reato che poi ha tentato invano di rabberciare con smentite grottesche e inconsistenti, non offende solo i diciannove italiani massacrati a Nassiriya. Offende le loro famiglie, i loro compagni d'arme, i nostri principii, i nostri valori, e la già vacillante dignità del nostro stesso paese. In più corrompe i giovani, li tradisce, gli impedisce di ragionare. Inganna i bambini, li confonde, prepara una generazione di imbecilli. Così mi tappo il naso. Le elargisco la soddisfazione e sperando di non lasciarmi cogliere dalla rabbia di due anni fa incomincio col dirLe che l'aggettivo con cui l'ex-presidente della Repubblica Francesco Cossiga definì la Sua omelia, l'aggettivo "ignobile", è perfetto. Ineccepibile, perfetto. Ergo, a quei diciannove morti Lei deve chiedere scusa. Deve recarsi nei loro cimiteri e di tomba in tomba flagellarsi a sangue con una frusta a nove code. Cioè come si flagellavano i penitenti al tempo in cui il peccato non si lavava con due Pater Noster e tre Ave Marie. E poi, nel medesimo modo, deve chiedere scusa ai loro familiari nonché ai loro commilitoni nonché alla Patria. Anche se questa parola, ne sono certa, per Lei non significa nulla. Signor Vescovo, essendo Lei un individuo di cui per mia fortuna ignoravo l'esistenza, ho fatto una piccola indagine e ho scoperto che Le piace sfruttare la Sua presunta autorità spirituale, che nonostante la Sua veneranda età ama pavoneggiarsi nel ruolo di scugnizzo no-global. Ruolo nel quale debuttò quando inferocito con l'Ulivo, a Suo dire incapace di combattere il neoliberismo, si schierò con Rifondazione Comunista. Ho scoperto che da allora si esibisce con articoletti, editorialucci, intervistine sui giornali di sinistra o di estrema sinistra e che parlando a nome degli Evangeli nel giugno del 2002 chiese all'opposizione di "formulare pronunciamenti perentori che tutelassero i diritti degli immigrati". Che nell'aprile del 2003 definì la guerra in Iraq "un attentato contro l'umanità" e che nell'ottobre dello stesso anno elogiò il Vicepresidente del Consiglio per la faccenda del voto agli immigrati. Ho anche scoperto che Lei dice un gran male della Chiesa Cattolica. Diritto che io posso esercitare e Lei no. Perché io sono una libera cittadina, una laica. Lei invece è un alto prelato del Vaticano, un rappresentante del Papa. Alla Chiesa Cattolica Lei deve tutto, anche le scarpe con cui cammina. Quindi non può tenere il piede in due staffe, pretender d'avere la botte piena e la moglie briaca, godersi il ruolo di Vescovo e nel medesimo tempo posare a scugnizzo no-global. Se vuol parlar male dei Suoi benefattori, deve dare le dimissioni. Deve rinunciare alla mitria, al pastorale, al piviale, all'anellone con l'ametista, al palazzo arcivescovile, ai domestici, agli inchini, al baciamano, e accontentarsi di fare il giornalista per *l'Unità*. Ho scoperto infine che i Bin Laden, i Saddam Hussein, gli Arafat, i kamikaze Lei li rispetta assai. Le piace giustificarli, difenderli, definire le loro stragi "atti di Resistenza". Ed anche per questo concludo: Signor Vescovo, se quella domenica pomeriggio Gesù Cristo avesse avuto la disgrazia di trovarsi nella cattedrale di Caserta, altro che Farisei al tempio! Le sarebbe saltato addosso e a pedate nel culo L'avrebbe scaraventata in piazza. Qui Le avrebbe tirato tanti di quei cazzotti che oggi non potrebbe mangiar neanche una pappa al pomodoro»). *Fine della letterina*. Ma il discorso continua.

* * *

Continua perché, ventiquattr'ore dopo l'exploit del non-esimio vescovo, sulla strage di Nassiriya si pronunciò anche colei che viene definita «l'attuale capo delle Brigate Rosse». Lo fece al processo che a suo carico si celebrava per l'omicidio del poliziotto Emanuele Petri, attraverso un proclama che il giudice le proibì di leggere ma mise agli atti. Sicché i giornali poteron parlarne ugualmente e indovina che cosa diceva. Diceva che massacrare diciannove italiani era stato un sacrosanto diritto dei «reduci» iracheni. Che il «valoroso nazionalismo iracheno» deve colpire gli invasori e quei diciannove italiani erano invasori. Che «per distruggere l'imperialismo americano e l'entità-sionista le Brigate Rosse devono far fronte comune coi combattenti di Saddam Hussein e Bin Laden, insieme a loro sferrare continui e crescenti attacchi». Che «le masse arabe sono il naturale-alleato-del-proletariato-metropolitano» e che il proletariato-metropolitano deve unirsi «all'eroica Resistenza» del terrorismo islamico...

(*Altra letterina.* «Cara capessa o presunta capessa delle Brigate Rosse, il Suo presentarci Saddam Hussein e Bin Laden nelle vesti d'un Lenin e d'un Mao Tse-tung è così cretino, così infantile, nonché offensivo per l'intelligenza del proletariato-metropolitano, che mi chiedo come facciano a considerarLa la "mente" dei brigatisti rossi. Se a dirigerli c'è davvero Lei, sono proprio fritti. E farebbero meglio a cercarsi un impiego nella mafia che di killers ha sempre bisogno. Quanto al resto, giovanotta: Lei non ha alcun diritto di usare il termine Resistenza. Non ha alcun diritto di paragonare le islamiche carneficine alla lotta che i nostri padri (o alcuni dei nostri padri) condussero per ritrovare la libertà nella quale Lei è nata e della quale si approfitta come uno sciacallo. Ma lo sa di che si parla quando si parla di Resistenza?!? Si parla di forche, di plotoni d'esecuzione, di forni crematori. Si parla di interrogatori eseguiti con le torture. Di unghie strappate, di piante dei piedi bruciate, di bastonate sulla bocca, di cicche spente sui seni e sugli occhi, di scariche elettriche nei genitali e nella vagina, di urina ficcata in gola fino a soffocarti. Di cose, insomma, dinanzi alle quali Lei morirebbe di paura. Diarrea e paura. I Suoi tiratori scelti, idem. Si parla anche di celle fetide e buie dove per dormire non hai che un pavimento bagnato e per defecare un bussolotto colmo di merda. Dove i topi ti mordono le ferite e gli scarafaggi galleggiano sul nauseabondo intruglio che i secondini chiamano minestra. E niente parlamentari che piangono per te, niente giornalisti che ti pubblicizzano. Giovanotta, è facile posare a guerriera in un regime di libertà e di democrazia. È facile predicare e distribuire la morte in un paese che gli assassini non li punisce con la pena di morte. È facile recitare la parte dei rivoluzionari coi carabinieri che t'arrestano educatamente, prego-signora-s'accomodi. E che se rispondono al fuoco vengono processati o esposti a pubblico ludibrio. È facile recitar la parte della guerriera coi giudici che t'interrogano garbatamente e gli avvocati che ti difendono premurosamente. E senza che nessuno ti dia di stronza quando declami scemenze come: "Io dei miei atti politici rispondo al proletariato metropolitano e basta". È facile mettersi con il nemico quando il massimo castigo che paghi per questo è una cella fornita di letto, coperte, lenzuoli, lavabo, water-closet, acqua corrente, luce elettrica, libri da leggere, carta da scrivere. Una prigione dove mangi a scelta, carne halal se sei mussulmano, e dove hai il permesso di telefonare, guardare la televisione, ricever visite eccetera. E questo senza tener conto dei condoni, degli indulti, delle amnistie, delle licenze che durano anche una settimana, della semilibertà che permette di star fuori dalla mattina alla sera, sicché il carcere diventa una specie di albergo a sbafo. È facile, sì. E comodo e vile. Ma il coraggio non distingue mai i tipi del Suo tipo, del vostro tipo. Che coraggio ci vuole ad ammazzare un poliziotto che con la rivoltella nel fodero chiede i documenti in treno? O un professore che solo solo rientra a casa in bicicletta? O un altro che sempre solo va al lavoro camminando lungo un marciapiede deserto? O me che sono un'antica signora sicché un colpo di vento basta a buttarmi per terra? A proposito. Dica, giovanotta, dica: vuole ammazzare anche me? E a chi intende affidare l'esecuzione della sentenza? Ai Suoi killers oppure ai fratelli mussulmani che promettono d'uccidermi in nome di Allah?»). *Fine della letterina.*

* * *

Voilà: ho ceduto alla tentazione. Mi son lasciata riprendere dalla rabbia di due anni fa. Ma ora mi sento meglio e posso parlare del matrimonio poligamico che ha consegnato l'Italia al nemico, ossia di ciò che chiamo Triplice Alleanza. Quella fra Destra e Sinistra e Chiesa Cattolica. Incominciamo con la Chiesa Cattolica.

CAPITOLO 9

Io sono un'atea cristiana. Non credo in ciò che indichiamo col termine Dio. L'ho già scritto nella mia prima «Sfera Armillare». Dal giorno in cui m'accorsi di non crederci, (cosa che avvenne assai presto cioè quando da ragazzina incominciai a logorarmi sull'atroce dilemma ma-Dio-c'è-o-non-c'è), penso che Dio sia stato creato dagli uomini e non viceversa. Penso che gli uomini lo abbiano inventato per solitudine, impotenza, disperazione. Cioè per dare una risposta al mistero dell'esistenza, per attenuare le irresolubili domande che la vita ci butta in faccia... Chi siamo, da dove veniamo, dove andiamo. Che cosa c'era prima di noi e di questi mondi, miliardi di mondi, che con tanta precisione girano nell'universo. Che cosa ci sarà dopo... Penso che l'abbiano inventato anche per debolezza, cioè per paura di vivere e di morire. Vivere è molto difficile, morire è sempre un dispiacere, e il concetto d'un Dio che aiuta ad affrontare le due imprese può dare un sollievo infinito: lo capisco bene. Infatti invidio chi crede. A volte ne sono addirittura gelosa. Mai, però, fino a maturare il sospetto quindi la speranza che quel Dio esista. Che con tutti quei miliardi di mondi abbia il tempo e il modo per rintracciare me, occuparsi di me. Ergo, me la cavo da sola. Quasi ciò non bastasse, sopporto male le chiese. I loro dogmi, le loro liturgie, la loro presunta autorità spirituale, il loro potere. E coi preti vado poco d'accordo. Perfino quando si tratta di persone intelligenti o innocenti non riesco a dimenticare che stanno al servizio di quel potere, e v'è sempre il momento in cui il mio innato anticlericalismo riaffiora. Un momento in cui sorrido al fantasma del mio nonno materno che era un anarchico ottocentesco e cantava: «Con le budella dei preti impiccheremo i re». Tuttavia, ripeto, sono cristiana.

Lo sono anche se rifiuto vari precetti del cristianesimo. Ad esempio la faccenda del porgere l'altra guancia, del perdonare. (Errore che incoraggia la cattiveria e che non commetto mai). E lo sono perché il discorso che sta alla base del cristianesimo mi piace. Mi convince. Mi seduce a tal punto che non vi trovo alcun contrasto col mio ateismo e il mio laicismo. Parlo del discorso fatto da Gesù di Nazareth, ovvio, non di quello elaborato o distorto o tradito dalla Chiesa Cattolica ed anche dalle Chiese Protestanti. Il discorso, voglio dire, che scavalcando la metafisica si concentra sull'Uomo. Che riconoscendo il libero arbitrio cioè rivendicando la coscienza dell'Uomo ci rende responsabili delle nostre azioni, padroni del nostro destino. Ci vedo un inno alla Ragione, al raziocinio, in quel discorso. E poiché ove c'è raziocinio c'è scelta, ove c'è scelta c'è libertà, ci vedo un inno alla Libertà. Nel medesimo tempo ci vedo il superamento del Dio inventato dagli uomini per solitudine, impotenza, disperazione, debolezza, paura di vivere e di morire. Ci vedo l'oscuramento del Dio astratto onnipotente spietato di quasi tutte le religioni. Zeus che incenerisce con i suoi fulmini, Geova che ricatta con le sue minacce e le sue vendette, Allah che soggioga con le sue crudeltà e le sue insensatezze. E al posto di quei tiranni invisibili, intangibili, un'idea che nessuno aveva mai avuto comunque mai divulgato. L'idea del Dio che diventa Uomo ossia l'idea dell'Uomo che diventa Dio, Dio di sé stesso. Un Dio con due braccia e due gambe, un Dio di carne che va in giro a fare o tentar di fare la Rivoluzione dell'Anima. Che parlando d'un Creatore assiso in Cielo (sennò chi ascolterebbe, chi capirebbe?) si presenta come suo figlio e spiega che tutti gli uomini sono suoi fratelli, quindi a loro volta figli di quel Dio e in grado di esercitare la loro essenza divina. Esercitarla predicando il Bene che è frutto della Ragione, della Libertà, distribuendo l'Amore che prima d'essere un sentimento è un ragionamento. Un sillogismo anzi un entimèma da cui deduci che la bontà è intelligenza e la cattiveria è cretineria. Un Dio, infine, che il dramma dell'Etica lo affronta da uomo. Col cervello di un uomo, il cuore di un uomo, le parole di un uomo, i gesti di un uomo, ed altro che mitezza! Altro che dolcezza, tenerezza, lasciate-che-i-pargoli-vengano-a-me! Come un uomo prende a botte i farisei e i rabbini che fanno mercimonio della religione. Come un uomo affronta il tema del laicismo: date-a-Cesare-quel-che-è-di-Cesare-e-a-Dio-quel-ch'è-di-Dio. Come un uomo ferma i vigliacchi che stanno per lapidare l'adultera: chi-è-senza-peccato-scagli-la-prima-pietra. Come un uomo tuona contro la schiavitù, e chi aveva mai tuonato contro la schiavitù?!? Chi aveva mai detto che la schiavitù è inaccettabile inammissibile inconcepibile? Come un uomo, in breve, si batte. Si rode, tribola, sbaglia, soffre, certamente pecca, e infine muore. Senza morire perché la vita non muore. Rinasce sempre, resuscita sempre, è eterna. E, insieme al discorso sulla Ragione, l'idea della Vita che non muore è il punto che mi convince di più. Che mi seduce di più. Perché in essa vedo il rifiuto della Morte, l'apoteosi della Vita. La passione per la Vita che è cattiva, sì, mangia sé stessa, ma è Vita e il contrario della Vita è il nulla. I principii, insomma, che stanno alla base della nostra civiltà.

* * *

Stamani mi sono riletta il famoso saggio
che Benedetto Croce pubblicò nel 1942: «Perché
non possiamo non dirci cristiani». (Sì, quello dove a disdoro dei professorini che esaltano il Faro-
di-Luce osserva: «La lunga età di gloria che fu
chiamata Medioevo completò il cristianizzamen-
to dei barbari e animò la difesa contro l'Islam, così minaccioso alla civiltà europea»). E due cose,
in quel saggio, mi colpiscono a fondo: il lapidario
giudizio con cui egli esalta ciò che io chiamo Rivoluzione dell'Anima, e la forza con cui sostiene
che tutte le rivoluzioni venute dopo sono derivate
da quella. «Il cristianesimo è stato la più grande
rivoluzione che l'umanità abbia mai compiuto.
Nessun'altra regge al confronto. Rispetto a lei tutte sembrano limitate». Del resto non c'è bisogno
di Croce per rendersi conto che senza il Cristianesimo non ci sarebbe stato il Rinascimento, non
ci sarebbe stato l'Illuminismo, non ci sarebbe stata nemmeno la Rivoluzione Francese che malgrado le sue mostruosità era nata dal rispetto per
l'Uomo e che in quel senso qualcosa di positivo
ha lasciato o pungolato. Non ci sarebbe stato
nemmeno il socialismo o meglio l'esperimento socialista. Quell'esperimento che è fallito in modo
così disastroso ma che, come la Rivoluzione Fran-

cese, qualcosa di positivo ha lasciato o pungolato. E tantomeno ci sarebbe stato il liberalismo. Quel liberalismo che non può non essere alla base d'una società civile, e che oggi chiunque accetta o finge di accettare. (A parole, perfino gli ex-trinariciuti e i neo-trinariciuti). A parer mio non ci sarebbe stato neanche l'ormai defunto femminismo, sicché guarda: spogliato delle belle fiabe sui miracoli e sulle fisiche resurrezioni, lavato delle sovrastrutture cattoliche, liberato dei ceppi dottrinari cioè ricondotto all'idea geniale dello splendido nazareno, il Cristianesimo è davvero una irresistibile provocazione. Una clamorosa scommessa che l'uomo fa con sé stesso. E con ciò eccoci alle colpe d'una Chiesa Cattolica che guidando la Triplice Alleanza, favorendo e beneficiando l'Islam, s'è resa e si rende la prima responsabile della catastrofe che stiamo vivendo.

Perché prima di invadere il nostro territorio e distruggere la nostra cultura, annullare la nostra identità, l'Islam mira a spengere quella irresistibile provocazione. Quella clamorosa scommessa. Sai come? Attraverso una rapina ideologica. Cioè rubando il Cristianesimo, fagocitandolo, presentandolo nelle vesti d'un rampollo degenere, definendo Gesù Cristo «un profeta di Allah». Profeta di seconda classe, oltretutto. Talmente inferiore a Maometto che, quasi seicento anni dopo, costui ha dovuto ricominciare daccapo. Sorbirsi la chiacchierata con l'arcangelo Gabriele e scrivere ahimè il Corano. Per rubarcelo meglio, il nostro Gesù di Nazareth, i teologi mussulmani negano addirittura che sia stato crocifisso. Ce lo mettono nel loro Djanna a mangiare come un trimalcione, bere come un ubriacone, scopare come un maniaco sessuale. Poi sentenziano: poveraccio, a modo suo il Verbo di Allah lui lo predicava, ma i suoi scellerati discepoli chiamarono Cristianesimo quel che in realtà era già Islam, distorsero quel che aveva detto, e... Mirano a rubare anche il Giudaismo, d'accordo. Quando affermano che il primo profeta di Allah fu Abramo, come capostipite di Israele il vecchio Abramo va a carte quarantotto. (E va da sé che, se fossi ebrea, non ci piangerei affatto. Secondo me un capostipite che a gloria di Dio vuole sgozzare il proprio bambino è meglio perderlo che trovarlo). Quanto a Mosè, diventa un impostore che il Mar Rosso lo attraversa coi gommoni della mafia albanese. Un ciarlatano che nella Terra Promessa ci va per fregare Arafat, suo rivale in amore o che so io. Però da quelle mire il Giudaismo si difende coi denti. La Chiesa Cattolica, no. Oh, la Chiesa Cattolica sa bene che per i mussulmani Cristo morì di raffreddore e che nel Djanna se la spassa con le Urì. Sa bene che i loro teologi hanno sempre effettuato quella rapina

195

ideologica, sempre giudicato il Cristianesimo un aborto dell'Islam. Sa bene che l'imperialismo islamico ha sempre voluto conquistar l'Occidente perché l'Occidente è il primo e vero interprete del ragionamento cristiano. Sa bene che il colonialismo islamico ha sempre sognato di soggiogare l'Europa perché oltre ad essere ricca ed evoluta e piena d'acqua l'Europa è la culla del cristianesimo. (Un cristianesimo manipolato quanto vuoi, distorto quanto vuoi, tradito quanto vuoi, ma cristianesimo). Sa bene che senza il crocifisso i francesi di Carlo Martello non avrebbero mai vinto i Mori giunti fino a Poitiers. Che senza il crocifisso gli spagnoli di Ferdinando d'Aragona e Isabella di Castiglia non avrebbero mai ripreso l'Andalusia, che i Normanni non avrebbero mai liberato la Sicilia, che lo zar Ivan il Grande non avrebbe mai posto fine ai due secoli e mezzo di dominazione mongola in Russia. Sa bene che senza il crocifisso non avremmo mai rotto il secondo assedio di Vienna, mai respinto i cinquecentomila ottomani di Kara Mustafa. (Santità, nel 1683 a difendere Vienna c'erano anche i polacchi: ricorda? Giunti da Varsavia e guidati dall'eroico re Giovanni Sobieski. E ricorda che cosa gridò Sobieski prima della battaglia? Gridò: «Soldati, non è solo Vienna che dobbiamo salvare! È il Cristianesimo, l'idea della cristianità!». Ricorda che cosa gridava durante la battaglia? Gridava: «Soldati, combattiamo per la Vergine di Czestochowa!». Eh, sì. Proprio la Vergine di Czestochowa. Quella Vergine Nera alla quale Lei è tanto devoto). In parole diverse, la Chiesa Cattolica sa bene che senza il crocifisso la nostra civiltà non esisterebbe. Sa anche che una delle radici da cui quella civiltà è nata, la radice della cultura greco-romana, non ci venne trasmessa dagli Avicenna e dagli Averroè come il Dialogo Euro-Arabo vuol farci credere: ci venne trasmessa da Sant'Agostino che la cultura greco-romana l'aveva traghettata nella teologia cristiana ben sette secoli prima di Avicenna e di Averroè. Infine sa bene che senza l'irresistibile provocazione, la clamorosa scommessa, parleremmo anche noi una lingua che non contiene il vocabolo Libertà. Vegeteremmo anche noi in un mondo che, lungi dal rifiutare la morte, nella morte vede un privilegio.

* * *

Eppure si comporta come se non lo sapesse. Questa Chiesa Cattolica che, col pretesto del "volemose-bene", non si limita a esercitare l'Industria della Beneficenza di cui ho parlato. Cioè l'industria grazie alla quale gli immigrati mussulmani li riceve allo sbarco, li nasconde nei suoi ostelli, gli procura l'asilo politico e il sussidio statale, gli blocca le espulsioni o le ostacola... In Francia, ad esempio, gli cede addirittura i conventi e le chiese. Gli costruisce addirittura le moschee. (A Clermont-Ferrand fu il vescovo Dardel che cedette agli immigrati mussulmani la grande cappella delle suore di Saint Joseph, racconta Alexandre Del Valle. Cappella che essi trasformarono immediatamente in moschea. Ad Asnières-sur-Seine fu la Congregazione Cattolica che vendette agli immigrati mussulmani gli edifici più belli, edifici nei quali essi costruirono una moschea con annessa Scuola Coranica. A Parigi furono i sacerdoti Gilles Couvreur e Christian Delorme ad appoggiare la fondazione dell'Istituto Culturale Islamico di rue Tanger, istituto retto dal fondamentalista algerino Larbi Kechat poi arrestato per i suoi legami con Al Qaida. A Lione fu il cardinale Decourtray a far costruire la Grande Moschea...). Questa Chiesa Cattolica che con l'Islam ci va tanto d'accordo, in realtà, perché fra preti ci s'intende. Questa Chiesa Cattolica senza il cui imprimatur il Dialogo pardon il Monologo Euro-Arabo non avrebbe potuto né incominciare né andare avanti per ben trent'anni. Questa Chiesa Cattolica senza la quale l'islamizzazione dell'Europa, la degenerazione dell'Europa in Eurabia, non avrebbe mai potuto verificarsi. Questa Chiesa Cattolica che tace perfino quando il crocifisso viene offeso, umiliato, definito un cadaverino ignudo, tolto dalle aule scolastiche o gettato dalle finestre degli ospedali. Che del resto tace anche sulla poligamia e sul ripudio e sulla schiavitù. Perché nell'Islam la schiavitù non è una turpitudine che riguarda il passato remoto, signori del Vaticano. In Arabia Saudita venne abolita (sulla carta) soltanto nel 1962. Nello Yemen, lo stesso. E in Sudan, in Mauritania, in altri paesi africani, esiste ancora. Sulla schiavitù in Sudan la Human Rights Commission e l'American Anti-Slavery Group stendono continui rapporti. Ch'io sappia, voi no. Tra il 1995 e il 2001 in Sudan la Christian Solidarity International riuscì a liberare 47.720 sudanesi copti. Ch'io sappia, voi no. Ogni ultima domenica di settembre le Chiese Evangeliche Americane (quelle che non piacciono a Dudù, il Fra' Accursio dell'Onu) osservano una giornata di lutto per gli schiavi neri del Sudan e per tutti i cristiani perseguitati nel mondo. Ch'io sappia, voi no. Nel 1992 l'allora Segretario Generale delle Nazioni Unite, Boutros-Ghali, denunciò la schiavitù in Sudan con molta durezza e nel 2000 il presidente Clinton la definì «un crimine contro il genere umano». Ch'io sappia, voi no. Anzi, gli imam ve li portate ad Assisi. Li santificate sulla tomba di San Francesco.

E questo mentre la vostra Conferenza Episcopale si allinea con Mortadella e con l'emulo di Togliatti sulla faccenda del voto. Mentre il vescovo di Caserta dice le mostruosità che dice. Mentre tre giorni dopo la strage di Nassiriya i Padri Comboniani legati a doppio filo coi no-global si permettono di celebrare la Giornata dell'Immigrato, con la tonaca bianca infrivolita dalla sciarpa arcobaleno si piazzano dinanzi a tutte le Questure e tutte le Prefetture d'Italia, distribuiscono «Permessi di Soggiorno in Nome di Dio». Mentre le bandiere pseudopacifiste, quelle bandiere che sventolano solo per il nemico, i vostri parroci le esibiscono anche presso l'altare durante la Messa. E quanto ai loro complici rossi e neri, bè: quel che penso di loro sta in ciò che segue.

CAPITOLO 10

Devo fare un paio di messe a punto, prima d'affrontare il discorso sugli altri due membri della Triplice Alleanza. E anzitutto chiarire che quando dico Destra e Sinistra non mi riferisco a due entità opposte e nemiche, l'una simbolo di regresso e l'altra di progresso. Mi riferisco ai due schieramenti che come due squadre di calcio in lotta per lo scudetto rincorrono la palla del Potere. Che tra pedate, gomitate, stincate, perfidie d'ogni genere, se la contendono. E che per questo sembran davvero entità opposte e nemiche. Se le guardi bene, però, t'accorgi che nonostante il colore diverso delle mutande e delle magliette non sono nemmeno due entità distinte. Sono un blocco omogeneo, un'unica squadra che combatte sé stessa. Sai perché? Perché in Occidente la Destra non esiste più. La Destra simbolo di regresso, intendo dire. La Destra laida, reazionaria, ottusa, feudale. Come concetto, quella Destra svanì con la Rivoluzione Francese anzi con la Rivoluzione Americana che trasformando la plebe in Popolo fissò il principio della Libertà sposata all'Uguaglianza. Come realtà, si estinse con l'affermarsi della Destra sorta da queste due rivoluzioni. Cioè la Destra illuminata, liberale, civile, che viene definita Destra Storica. E per capire quanto ciò sia vero basta dare un'occhiata al mappamondo, cercarvi i paesi più retrogradi e disgraziati. A parte il grosso dell'America Latina dove la civiltà occidentale è un sogno mai realizzato, neanche inseguito, quei paesi sono tutti paesi del Medioriente e dell'Estremo Oriente e dell'Africa. Paesi mussulmani. Paesi soggiogati da secoli e secoli dall'Islam. La Destra laida, reazionaria, ottusa, feudale, oggi la trovi soltanto in Islam. È l'Islam.

Quanto alla Destra Storica, è ormai un ricordo cancellato anche nella coscienza dei cittadini. Fu una Destra gloriosa. Secondo me, una Destra per modo di dire. Aristocratica, sì, ma rivoluzionaria. Specialmente in Italia. Coi suoi sovrani, i suoi conti, i suoi marchesi, guidò il Risorgimento. Guidò le Guerre d'Indipendenza e perfino Mazzini, a un certo punto, si rivolse a lei. (Lettera a Carlo Alberto). Perfino Garibaldi combatté con lei, la rispettò. (Incontro di Teano eccetera). Perché erano fior di uomini, gli uomini di quella Destra-per-Modo-di-Dire. Intelligenti, coraggiosi, e davvero progressisti. Nonché onesti. Uno si chiamava Cavour. Un altro, Massimo d'Azeglio. Un altro, Vincenzo Gioberti. Un altro, Carlo Cattaneo. Un altro ancora, che ti piaccia o no, Vittorio Emanuele II. Di mestiere, re. Ci dettero il liberalismo, quei fior di uomini anzi di galantuomini. Ci dettero le Costituzioni, i Parlamenti, la democrazia. Ci insegnarono a vivere con la libertà. Ad esempio, lasciando circolare le idee a loro più ostili. Le idee repubblicane, anarchiche, socialiste. Infatti a quel tempo gli italiani rispettavano la politica. La amavano con la stessa passione con cui oggi amano le partite di calcio. Nei teatri, nei salotti, nelle osterie, nei caffè, non si parlava che di politica. D'accordo, per mezzo secolo il voto lo ebbero soltanto quelli che non eran poveri e sapevan leggere e scrivere. Le donne, nemmeno se eran ricche e sapevano leggere e scrivere. Però il burkah le donne non lo portavano in nessun senso. Tra i mille patrioti che Garibaldi si portò a Marsala c'erano anche loro. Col fucile. Il sottanone lungo fino ai piedi, il cappellino, e il fucile. (Io ho i nomi e i cognomi di tutte. Erano una quarantina, spesso sorelle o cognate o cugine, e quasi tutte venivano da Milano o da Bergamo o da Varese o da Pavia o da Genova). Col sottanone e il cappellino e il fucile andarono in battaglia più volte, non poche morirono, eppure in Sicilia si moltiplicarono. Quando Garibaldi giunse a Napoli, erano diventate quasi duemila...

E poi sloggiarono il Papa, quei fior di uomini anzi di galantuomini. Gli tolsero lo Stato Pontificio, lo relegarono in Vaticano. Sloggiandolo ci insegnarono il laicismo, il concetto di libera-Chiesa-in-libero-Stato. Ci insegnarono anche altre cose da non buttar via. L'amor patrio, per incominciare. L'orgoglio per la propria identità nazionale. Il senso dell'onore, della disciplina, del decoro. Le buone maniere, il rispetto per i vecchi, il valore della qualità quindi del merito. I mediocri del Politically Correct negano sempre il merito. Sostituiscono sempre la qualità con la quantità. Ma è la qualità che muove il mondo, cari miei, non la quantità. Il mondo va avanti grazie ai pochi che hanno qualità, che valgono, che rendono, non grazie a voi che siete tanti e scemi. Il fatto è che lottare consuma, stanca. E comandare corrompe. A poco a poco quella Destra dimenticò d'essere una Destra-per-Modo-di-Dire, una Destra rivoluzionaria, nel 1876 si lasciò rimpiazzare da Agostino Depretis, e sonnecchiando sulle antiche glorie incanutì. Si addormentò.

Dopo una quindicina d'anni e per una ventina d'anni Giolitti le dette una scrollata, è vero. Il suffragio universale, ad esempio, lo avemmo grazie ai liberali di Giolitti. Non grazie ai socialisti di Depretis. Ma lei era ormai una vecchia signora mezza cieca e mezza sorda che camminava appog-

giandosi al bastone. Una giornata di pioggia bastava a farla starnutire, e nel 1914 si beccò una polmonite coi fiocchi: la Settimana Rossa. Quella barbara, sanguinosa Settimana Rossa che i sindacalisti
e i socialisti e gli anarchici e i repubblicani scatena-
rono nelle Marche e nella Romagna con la regia di
Pietro Nenni ed Errico Malatesta. E della quale nel
1973 Pietro Nenni mi avrebbe detto in tono avvili-
to: «Che sbaglio si fece, che sbaglio! Che stupidi,
si fu, che stupidi!». Nel 1915 se ne beccò un'altra
ancora più grossa: la Grande Guerra Mondiale.
Nel 1917 ne subì una terza che la lasciò senza fiato:
la Rivoluzione Russa. Nel 1919 venne aggredita da
un cancro che si chiamava Benito Mussolini e che
si manifestò coi Fasci di Combattimento. Nel 1921
quel cancro se lo portò alla Camera dei Deputati
facendolo eleggere col Blocco Nazionale, lista di liberali che di liberale non avevano che il nome. E
un anno dopo morì. Praticamente suicida. Perché,
nonostante i peccati di cui s'era macchiata, quel
cancro avrebbe potuto debellarlo. Invece lo asse-
condò con sfacciataggine. Attraverso i suoi parlamentari, per incominciare. In testa quel Benedetto
Croce che di filosofia se ne intendeva parecchio,
che sul cristianesimo diceva cose intelligenti, ma
che fin dall'inizio il fascismo lo riverì anzi lo servì.
(Sicché del suo tardivo pentimento non me ne im-
porta un bel nulla). E poi, o soprattutto, attraverso

l'indegno nipote di Vittorio Emanuele II cioè Vittorio Emanuele III. Il re nano, nano nel corpo e nell'anima, che il 30 ottobre 1922 ossia dopo la Marcia su Roma incaricò Mussolini di formare il governo. Gli regalò il paese.

Morì senza lasciar rimpianti, l'ex-gloriosa signora che aveva guidato il Risorgimento e le Guerre d'Indipendenza. Che ci aveva dato le Costituzioni e i Parlamenti e la democrazia e il suffragio universale. Morì come una mondana da strapazzo. Disonorata, disprezzata, dimentica delle nobili cose che ci aveva insegnato. E non rinacque mai più. Infatti Mussolini non era un uomo di Destra. Veniva dal partito socialista, dalla Settimana Rossa. Era stato in carcere con Nenni, aveva diretto l'*Avanti!*, elogiato la presa del Palais d'Hiver, ammirato Lenin e Trotzkij. Il suo Partito Nazional Fascista non era un partito di destra. Come il Partito Nazional Socialista di Hitler era o voleva essere o diceva d'essere un partito rivoluzionario. Le sue Camiciacce Nere non erano aristocratici alla Federico Confalonieri o alla Massimo d'Azeglio o alla Cavour. Erano proletari e borghesi, sovversivi nati dalla Sinistra becera e violenta che è sempre stata la rovina d'Italia. (Non a caso sono stati versati fiumi d'inchiostro sulle rosse radici del fascismo, sulla natura rossa del fascismo). E tantomeno era di destra quella Democrazia Cristiana che caduto il fascismo prese in mano l'Italia e la tenne in pugno per quarant'anni. Era un partito popolare, populista e popolare, il partito democristiano. Quanto al partito liberale, nel dopoguerra era ormai un fantasma e basta. Un club di sconfitti che avrebbero potuto riunirsi, dicevano i loro oppositori, in una cabina telefonica. Ed oggi la parola Destra suona come una parolaccia. Una specie di bestemmia, di insulto, che lo stesso Cavaliere pronuncia con parsimonia e cautela. Infatti la riscatta sempre col rassicurante termine Centro, lo stesso dietro il quale anche la Sinistra si ripara senza pudore, e appena può cita De Gasperi o don Sturzo. (Una volta, è vero, citò Luigi Einaudi. Cosa che mi dispiacque molto per Einaudi. Un'altra volta citò addirittura Carlo Rosselli. Cosa per cui volevo cavargli gli occhi. Però di solito preferisce i democristiani).

Ergo dimmi: chi è di Destra, oggi, in Italia? Chi usa a cuor leggero la parola che suona come una parolaccia, una bestemmia, un insulto? Chi si identifica con la già gloriosa signora morta disonorata, disprezzata, dimentica delle nobili cose che ci aveva insegnato? Non certo quelli che chiamano il loro partito Alleanza Nazionale: storicamente e ideologicamente, avanzi d'un Msi che a sua volta era un avanzo della mussoliniana

Repubblica Sociale. Quindi interpreti d'una Destra che dalla Sinistra si distingue proprio per ciò che negli stadi distingue una squadra di calcio dalla squadra di calcio avversaria: il colore delle magliette e delle mutande, il modo di giocare, il numero dei gol. E per capirlo basta rilegger l'articolo che il 17 giugno 1944 (cinquantasei giorni prima che gli Alleati liberassero Firenze) apparve su *Italia e Civiltà*, la rivista che i repubblichini di Salò stampavano in Toscana. Un articolo che diceva: «Sappiano, Roosevelt e Churchill e i loro compari, che i fascisti più consapevoli hanno sempre riconosciuto nel comunismo la sola forza viva e contraria alla propria. Il vero nemico essi lo hanno sempre individuato, più che nella Russia, nella plutocratica Inghilterra e nella plutocratica America. I fascisti hanno sempre discordato su vari punti del comunismo, sì, ma anche concordato su molti altri. E precisamente su ciò che gli uni e gli altri non vogliono: la vecchia società liberale, borghese, capitalistica». E poi: «Sappiano dunque i Roosevelt e i Churchill e i loro compari che, ove la vittoria non toccasse al Tripartito, la maggior parte dei fascisti veri e scampati al flagello passerebbero al comunismo. In esso farebbero blocco, e allora sarebbe varcato il fosso che oggi separa le due rivoluzioni».

Fine della prima messa a punto. E passiamo alla seconda.

*   *   *

Chi non c'è non comanda. Ergo, chi comanda in Italia non è la Destra. È la Sinistra. In tutte le sue forme e colori e travestimenti e compromessi storici e alleanze note o clandestine. Perché, col governo o senza governo, con l'olio di ricino o col terrorismo intellettuale, da noi la Sinistra comanda da almeno ottant'anni. Cioè da quando Mussolini andò al potere esibendo il frac e la bombetta. E perché, caduto lui, s'avverò in pieno ciò che l'anonimo repubblichino aveva annunciato il 17 giugno 1944 sulla rivista *Italia e Civiltà*. I fascisti neri s'accorsero d'essere sempre stati fascisti rossi, i fascisti rossi capirono d'essere sempre stati fascisti neri, e il loro oscuro legame riprese come se non fosse successo nulla di quel che era successo: due decenni di dittatura, una guerra mondiale, una guerra civile, un paese semidistrutto, centinaia di migliaia di morti. Meglio: riprese come se si fosse trattato d'un litigio tra amanti, d'un malinteso in famiglia.

E tale era stato, ahimè. Fuorché in pochissimi casi. Non per nulla vi sono momenti in cui mi maledirei per non averlo capito prima, per essermi lasciata prendere in giro buona parte della mia vita. Cristo, avevo soltanto sedici anni quando la verità incominciò a rivelarsi. Ricordo chiaramente il giorno in cui mio padre tornò a casa pallido di rabbia e con voce sorda disse: «Togliatti ha convinto tutti a concedere l'amnistia ai fascisti. Non ci siamo opposti che noi del partito d'Azione, e presto i repubblichini ce li ritroveremo col fazzoletto rosso al collo». (Era il 1945). Ricordo anche il «Recupero dei Fratelli in Camicia Nera» che, sempre nel 1945, Togliatti affidò a Luigi Longo e Giancarlo Pajetta. Recupero già sollecitato nel 1936 col vocabolo Riconciliazione e non avvenuto perché proprio quell'anno Stalin aveva acceso la Guerra Civile in Spagna. Ricordo anche il pestaggio che all'Università di Firenze, Facoltà di Medicina, sede di via Alfani, nel 1947 subii per mano d'uno studente fascista e di uno comunista ai quali non piacevano le mie idee. Il primo a pugni e l'altro a calci, in perfetta simbiosi e sincronia, mi picchiarono perché ero «filoamericana e filosionista». Eppure neanche stavolta misi a fuoco la faccenda. (Che non volessi crederci?). Quel malinteso-in-famiglia l'avrei compreso soltanto nel 1965, grazie allo zio Bruno che prima di morire m'affidò un pacco di lettere ricevute negli anni in cui era caporedattore del *Corriere della Sera*. Lettere inviategli da celebri intellettuali, ormai di sinistra, che negli Anni Trenta e nei primi Anni Quaranta lo rimproveravano di non essere fascista. Una era anzi è (le custodisco con scrupolo) di Elio Vittorini che con mussolinesca calligrafia lo ammoniva: «Fallaci! Voi siete un bigio! Voi non riconoscete l'intelligenza del Duce!». Ovviamente lo compresi ancor meglio a leggere «Il lungo viaggio attraverso il fascismo» ossia il libro nel quale Ruggero Zangrandi sputtanava i suoi compagni rivelando i nomi dei fervidi comunisti che erano stati fervidi fascisti. E soprattutto lo compresi il giorno in cui Pietro Nenni mi raccontò il suo ultimo incontro con un certo Beni che non capivo chi fosse. Incontro avvenuto nel giugno del 1922 a Cannes dove conclusa non so quale conferenza internazionale s'erano messi a discutere sul dissidio che dal 1920 li divideva, e discutendo s'erano incamminati lungo la Croisette. Discutendo avevano continuato a camminare tutta la notte sicché verso l'alba avevano raggiunto il lungomare di Nizza dove incapaci di dirsi addio erano rimasti fino al sorger del sole. Ma all'improvviso se l'erano detto, «Addio Pietro», «Addio Beni», e fu a quel punto che morsa dalla curiosità esclamai: «Scusi, Nenni, ma chi era questo Beni? Io non ne ho mai sentito parlare». Parole che l'offesero molto. «Non ne hai mai sentito parlareeee?!? Dico Beni per dire Beni-

211

to, Benito Mussolini, nooo?!? Io lo chiamavo Beni, eravamo amici, nooo? Dopo la Settimana Rossa eravamo stati anche compagni di cella e ci volevamo bene, nooo?». Poi, dispiaciuto della sfuriata, si ammansì. E per dimostrarmi quanto si fossero voluti bene mi raccontò che nel 1943, quando le SS lo avevano arrestato per deportarlo in Germania, era stato Beni a salvargli la vita. A far bloccare il vagone piombato sul Brennero, a ottenere che anziché in un campo di concentramento i tedeschi lo mandassero al confino nell'isola di Ponza. Con voce roca mi confidò anche che il 28 aprile del 1945, quando Beni era stato fucilato dai partigiani, sull'*Avanti!* aveva dato la notizia con un titolo molto duro: «Giustizia è fatta». Subito dopo, però, s'era appartato e aveva pianto.

Oh sì: comanda da almeno ottant'anni questa Sinistra che partorì Mussolini, che coi Fratelli-in-Camicia-Nera mantenne sempre l'oscuro legame, e bando alle ipocrisie: negli ultimi cinquant'anni ha continuato a darci un mucchio di dispiaceri. Ci ha dato anche due o tre cose buone, lo ammetto. La prima è quella d'aver contribuito in maniera determinante a vincere il referendum sulla Repubblica. Perché la volevano in molti, la Repubblica. L'unico a cui importasse poco era Palmiro Togliatti che mirava a una rivoluzione di stampo russo e che pur d'arrivarci era pronto a tenersi ancora un po' i Savoia. Ma senza i socialisti come Pietro Nenni e senza i comunisti che non erano disinvolti come Togliatti non ce l'avremmo mai fatta, ed oggi al Quirinale ci dormirebbero i nipotini del re nano. La seconda è quella d'averci aiutato in maniera altrettanto determinante a vincere il referendum sul divorzio. Perché in fondo al cuore lo desideravano tutti il divorzio. Ma la Chiesa Cattolica e la Democrazia Cristiana avevan rizzato un muro di ferro, e senza i comunisti che in quell'occasione riscattarono l'infamia commessa alla Costituente il divorzio non lo avremmo mai ottenuto. La terza è quella d'aver capito (meglio tardi che mai) che se l'Italia fosse diventata un satellite dell'Urss nei gulag ci sarebbero finiti anche loro. Quindi, d'averci lasciato entrar nella Nato. Tuttavia le colpe superano di gran lunga i meriti, e son tante che se l'Inferno esistesse cadrebbero tutti a capofitto nella gola di Lucifero. Una (l'ho già detto due anni fa ma lo ripeto volentieri) è il terrorismo intellettuale cioè il Se-Non-la-Pensi-Comeme-Sei-un-Cretino-anzi-un-Delinquente che attraverso i cineasti, i giornalisti, i maestri di scuola, i docenti universitari, ha avvelenato due generazioni. E che ora sta avvelenando la terza. (Occhi negli occhi, signori: le Brigate Rosse non sono uscite dal cervello di Cavour. Sono uscite dal ventre della Sinistra. I no-global e i soi-disant pacifisti che come le Brigate Rosse diffondono il più vile squadrismo e il più stupido illiberalismo non li ha generati mia zia. Li ha generati la Sinistra). Un'altra è quella d'aver nutrito l'ineducazione politica degli italiani.

Perbacco, è passato quasi un secolo dalla Settimana Rossa. Mezzo secolo, dallo slogan «Ha da venì Baffone». Eppure quegli italiani continuano ad esprimersi attraverso i comizi oceanici, i cortei fluviali, i girotondi minacciosi, le arcobalenate, le berciate, le automobili rovesciate e bruciate, gli scioperi selvaggi degli arrogantissimi sindacati. Roba da cui sbuca sempre la faccia d'un leader comunista o ex-comunista che si nasconde tra la folla ma nel medesimo tempo cerca di farsi notare. E di solito è uno di quelli che quando contro la guerra in Vietnam scrivevo da Saigon, cioè dalla parte occupata dagli americani, si alzavano in piedi per applaudirmi. Quando invece scrivevo da Hanoi cioè raccontavo le mostruosità del regime comunista, mi mangiavano viva. Se non è uno di loro, è uno dei superciliosi che al tempo di Tangentopoli mostravano le mani appena lavate dall'amnistia del 1989 poi in un vibrar di baffetti scandivano: «Noi-abbiamo-le-mani-pulite». (E pazienza se con l'amnistia del 1989 quelle mani se l'eran pulite solo dai miliardi con cui l'Unione Sovietica aveva sempre impinguato le tasche del sardanapalesco Pci. Pazienza se quelle mani trasudavano ancora lo sporco dei cooperativistici peccati che i giudici di buon cuore avevano messo a tacere). E tutto ciò senza considerare la colpa di cui non si parla mai. Cioè il deserto nel quale tale Sinistra ha gettato tanti italiani. Un deserto dove la sete ti consuma perché la mancanza di rispetto e la sfiducia non ci fanno mai cadere un filo d'acqua, mai crescere un filo d'erba. Tentar d'annaffiarlo, d'altronde, è inutile e...

Parentesi. Oh, fino a trent'anni fa ci provai ad annaffiarlo. Con Pietro Nenni, anzitutto, ormai ultraottantenne e ben consapevole di ciò che cercavo. C'era un rapporto affettuoso, tra me e Nenni. Sai il tipo d'intesa che v'è tra nonno e nipote. Così andavo spesso a trovarlo nella sua villetta di Formia o nel suo attico di piazza Adriana a Roma, quello con la grande terrazza da cui si vede Castel Sant'Angelo, e andarci alleviava un po' la mia sete. Ma non serviva mai a cancellarla. Il giorno in cui a Formia gli chiesi perché la Sinistra non riuscisse ad essere liberale, ad esempio. E lui scosse la testa, rispose: «Bambina mia, non si può conciliare il diavolo con l'acqua santa». O il giorno in cui a Roma gli mostrai la nefandezza che *Critica Sociale*, la rivista del Psi, m'aveva inflitto. Un articolo nel quale si diceva che il falso incidente automobilistico col quale Alekos Panagulis era stato

215

ucciso lo avevo causato io regalandogli una Fiat difettosa. Con l'articolo, una copertina dove sotto la mia fotografia era scritto a grosse lettere: «Ecco il vero assassino di Panagulis». Quel giorno lui stava in terrazza, ricordo, seduto su una carrozzella. Sulle gambe aveva un plaid scozzese rosso-blu, e alle spalle l'angelo di Castel Sant'Angelo. Dicendo Nenni-guardi-che-m'hanno-fatto gli mostrai la nefandezza, e lui chiuse gli occhi. Poi, con un filo di voce, mormorò: «Se tu sapessi che hanno fatto a me... Bambina mia, quando difendo gli uomini io non mi riferisco agli uomini. Mi riferisco all'idea platonica dell'Uomo. All'Uomo con la *u* maiuscola». Provai anche con Sandro Pertini. Lo incontravo al Quirinale dove faceva il presidente della Repubblica, Pertini, e dove ogni tanto m'invitava a mangiare. Frugali colazioni preparate da un cuoco che metteva troppo sale nella minestra, amichevoli tête-à-tête che si prolungavano col caffè nel salone pieno di lampadari e lusinghe e malìe. Era un brav'uomo, Pertini. Diceva di volermi bene e credo che a modo suo me ne volesse. Ma da quel salone pieno di lampadari e lusinghe e malìe il deserto da annaffiare non si vedeva. Così un giorno compresi che il cibo del Quirinale era davvero troppo salato, e decisi di non mangiarlo più. Per qualche tempo provai anche con Giorgio Amendola. Provai perché Amendola era assai intelligente e figlio d'un gran liberale. A parlarci sembrava impossibile che fosse stato un cieco ammiratore di Stalin, un compagno dello studente comunista che insieme allo studente fascista m'aveva picchiato nel corridoio della Facoltà di Medicina. Inoltre era un uomo pieno di finezze, delicatezze. Ad esempio nel bambino del mio romanzo «Lettera a un bambino mai nato», vedeva sua figlia morta a quarant'anni, e mentre me lo diceva gli si inumidivano gli occhi. Però se lo mettevo dinanzi alle colpe del suo partito, sgusciava. Una volta gli raccontai del pestaggio a Firenze, e invece di condannarlo portò il discorso sul suo grande amico Galeazzo Ciano, figlio del Costanzo Ciano che aveva preso a schiaffi Toscanini e genero di Mussolini dal quale nel 1944 era stato fucilato a Verona. Con un brillante sgambetto si dilungò su un certo incontro avvenuto a Capri dove lui stava in vacanza con-una-bellissima-americana e dove Ciano era in viaggio di nozze con la figlia del duce. Questo riportò a galla il malinteso in famiglia e... A un certo punto provai anche con Giancarlo Pajetta, comunista che m'incuriosiva per l'incarico affibbiatogli nel dopoguerra da Togliatti e perché quando voleva era simpatico. Nella speranza di stabilire qualche intesa una sera accettai il suo invito a cena e mi costrinsi addirittura all'uso del giacobino «tu» che egli imponeva a tutti. Uso dal quale io rifuggo perché penso che il «tu» sia un privilegio da concedere soltanto ai parenti, agli amanti, agli intimi amici, ai bambini, o alle persone con le quali siamo stati alla guerra. Ma conclusa la cena gli chiesi: «Giancarlo, se il partito ti ordinasse di fucilarmi mi fucileresti?». Credevo che scoppiasse in una risata. Invece si fece serio. Tutto serio rifletté un paio di secondi e poi rispose: «Certamente». *Parentesi chiusa.*

Comunque la colpa più grossa di cui la Sinistra si sia macchiata nel corso degli ultimi cinquant'anni non è nemmeno quella d'averci tolto fiducia e rispetto per la politica, d'averci gettato in un deserto dove non cade mai un filo d'acqua e non cresce mai un filo d'erba. È la colpa d'aver favorito, insieme alla Chiesa Cattolica e agli avanzi dell'Msi, l'islamizzazione dell'Italia. E va da sé che l'Europa è diventata Eurabia perché in ogni paese la Sinistra s'è comportata come s'è comportata e si comporta in Italia. Ora ti dico perché.

CAPITOLO 11

Nel 1979 cioè l'anno in cui i mullah e gli ayatollah spodestarono lo Scià e instaurarono la Repubblica Islamica dell'Iran, Khomeini rispolverò varie Sure del Corano. In particolare, quelle che riguardavano il comportamento sessuale degli sciiti. Su quelle Sure compilò una serie di norme che riunì in un vademecum chiamato «Libro Azzurro», e alcune parti del «Libro Azzurro» furono pubblicate in Italia col beffardo titolo «I Dieci Khomeindamenti». Tempo fa i Dieci Khomeindamenti (che poi sono almeno una ventina) mi tornarono alle mani. Li rilessi e... Uno dice: «Se una donna ha rapporti carnali col futuro marito, dopo averla sposata questi ha diritto di esigere l'annullamento del matrimonio». Un altro dice: «Il matrimonio con la propria sorella o la propria madre o la propria suocera è peccato». Un altro dice: «L'uomo che ha avuto rapporti sessuali con la propria zia, non può sposarne la figlia cioè la sua cugina». Un altro: «La donna mussulmana non può sposare un eretico e l'uomo mussulmano non può sposare un'eretica. Però l'uomo mussulmano può intrattenere concubinaggio con donne ebree e cristiane». Un altro: «Se un padre ha tre figlie e vuole farne sposare una, al momento del matrimonio deve specificare quale figlia dà». Un altro: «Il matrimonio può essere annullato se dopo le nozze lo sposo scopre che la sposa è zoppa o cieca o afflitta da lebbra ed altre malattie della pelle». Un altro (davvero tremendo perché si riferisce alle mogli di nove anni, età in cui il matrimonio è ammesso): «Se un uomo sposa una minorenne che ha raggiunto i nove anni e le rompe subito l'imene, non può più goderla». Un altro (ancor più tremendo perché ne risulta che una bambina può esser posseduta prima d'aver compiuto i nove anni): «Se una donna vedova o ripudiata non ha compiuto i nove anni, può risposarsi subito dopo la vedovanza o il ripudio senza aspettare i quattro mesi e dieci giorni prescritti. Questo, anche se col primo marito ha avuto di recente rapporti intimi». Un altro: «Se la moglie non obbedisce al marito e non è sempre a disposizione per il piacere di lui o trova scuse per non farlo gioire, il marito non le deve né cibo né vesti né dimora». Un altro: «La madre e la figlia e la sorella di un uomo che ha avuto rapporti anali con un altro uomo non possono sposare quest'ultimo. Però se quest'ultimo ha avuto o ha rapporti anali con un parente acquisito, il matrimonio resta valido». Infine: «Un uomo che ha avuto rapporti sessuali con un animale, ad esempio una pecora, non può mangiarne le carni. Cadrebbe in peccato».

Li rilessi e ci feci una specie di malattia. Perché ricordai che nel 1979 la Sinistra italiana anzi europea s'era innamorata di Khomeini come ora è innamorata di Bin Laden, di Saddam Hussein, di Arafat, e mi dissi: Cristo, la Sinistra è figlia del laicismo. È laica. Possibile che parli di rivoluzione a proposito di quella iraniana?!? La Sinistra parla di progresso. Ne ha sempre parlato, da un secolo inneggia al Sol dell'Avvenir. Possibile che fornichi con l'ideologia più retrograda e più forcaiola di questa Terra?!? La Sinistra è sorta in Occidente. È occidentale, appartiene alla civiltà più evoluta della Storia. Possibile che si riconosca in un mondo nel quale bisogna spiegare che sposar la mamma è peccato e raccomandare di non mangiar l'amante se l'amante è una pecora?!? Possibile che inneggi a un mondo nel quale una bambina può esser vedova o venir ripudiata a nove anni anzi prima d'aver nove anni?!? Una specie di malattia, sì. Anzi di ossessione. Infatti a tutti chiedevo: «Tu lo hai capito, Lei lo ha capito, perché la Sinistra sta dalla parte dell'Islam?». E tutti rispondevano: «Chiaro. La Sinistra è terzomondista, antiamericana, antisionista. L'Islam, pure. Quindi nell'Islam vede ciò che i brigatisti chiamano il loro naturale-alleato». Oppure: «Semplice. Col crollo dell'Unione Sovietica e il sorgere del capitalismo in Cina, la Sinistra ha perduto i suoi punti di riferimento. Ergo, si aggrappa all'Islam come a una ciambella di salvataggio». Oppure: «Ovvio. In Europa, il vero proletariato non esiste più, ed una Sinistra senza proletariato è come un bottegaio senza merce. Nel proletariato islamico la Sinistra trova la merce che non ha più, ossia un futuro serbatoio di voti da intascare». Ma, sebbene ogni risposta contenesse un'indiscutibile verità, nessuna teneva conto dei ragionamenti sui quali le mie domande si basavano. Così continuai a tormentarmi, a disperarmi, e ciò durò finché m'accorsi che le mie domande erano sbagliate.

Erano sbagliate, anzitutto, perché nascevano da un residuo di rispetto per la Sinistra che avevo conosciuto o creduto di conoscere da bambina. La Sinistra dei miei nonni, dei miei genitori, dei miei compagni morti, delle mie utopie infantili. La Sinistra che da mezzo secolo non esiste più. Erano sbagliate, inoltre, perché nascevano dalla solitudine politica nella quale avevo sempre vissuto e che invano avevo sperato d'alleggerire cercando d'annaffiare il deserto proprio con chi lo aveva creato. Ma soprattutto erano domande sbagliate perché erano sbagliati i ragionamenti o meglio i presupposti su cui esse si basavano. Primo presupposto, che la Sinistra fosse laica. No: pur essendo figlia del laicismo, peraltro un laicismo partorito dal liberalismo e quindi a lei non consono, la Sinistra non è laica. Sia che si vesta di nero sia che si vesta di rosso o di rosa o di verde o di bianco o d'arcobaleno, la Sinistra è confessionale. Ecclesiastica. Lo è in quanto deriva da un'ideologia di stampo religioso cioè un'ideologia che s'appella a Verità Assolute. Da una parte il Bene e dall'altra il Male. Da una parte il Sol dell'Avvenir e dall'altra il buio pesto. Da una parte i suoi fedeli e dall'altra gli infedeli anzi i cani-infedeli. La Sinistra è una Chiesa. E non una Chiesa simile alle Chiese uscite dal cristianesimo quindi in qualche modo aperte al libero arbitrio, bensì una Chiesa simile all'Islam. Come l'Islam, infatti, si ritiene baciata da un Dio custode del Bene e della Verità. Come l'Islam non riconosce mai le sue colpe e i suoi errori. Si ritiene infallibile, non chiede mai scusa. Come l'Islam pretende un mondo a sua immagine e somiglianza, una società costruita sui versetti del suo profeta Karl Marx. Come l'Islam schiavizza i suoi stessi fedeli, li intimidisce, li rincretinisce anche se sono intelligenti. Come l'Islam non accetta che tu la pensi in modo diverso e se la pensi in modo diverso ti disprezza. Ti denigra, ti processa, ti punisce, e se il Corano ossia il Partito le ordina di fucilarti ti fucila. Come l'Islam è illiberale, insomma. Autocratica, totalitaria, anche quando accetta il gioco della democrazia. Non a caso il novantacinque per cento degli italiani convertiti all'Islam vengono dalla Sinistra o dall'Estrema Sinistra rosso-nera. Il novantacinque per cento dei mussulmani naturalizzati cittadini italiani, idem. (Il mascalzone che non vuole il crocifisso nelle scuole o negli ospedali e che ai suoi confratelli scrive Andate-a-morire-con-la-Fallaci viene dall'Estrema Sinistra rosso-nera. Il suo compare è stato addirittura in carcere per sospetta connivenza con le Brigate Rosse). Come l'Islam, infine, la Sinistra è anti-occidentale. E il motivo per cui è anti-occidentale te lo dico con un brano del saggio che negli Anni Trenta il liberale austriaco Friedrich Hayek scrisse a proposito della Russia bolscevica e della Germania nazionalsocialista. Ecco qua.

«Qui non si abbandonano soltanto i principii di Adam Smith e di Hume, di Locke e di Milton. Qui si abbandonano le caratteristiche più salde della civiltà sviluppatasi dai greci e dai romani e dal Cristianesimo, ossia della civiltà occidentale. Qui non si rinuncia soltanto al liberalismo del 1700 e del 1800, ossia al liberalismo che ha completato quella civiltà. Qui si rinuncia all'individualismo che grazie a Erasmo da Rotterdam, a Montaigne, a Cicerone, a Tacito, a Pericle, a Tucidide, quella civiltà ha ereditato. L'individualismo, il concetto di individualismo, che attraverso gli insegnamenti fornitici dai filosofi dell'antichità classica poi dal Cristianesimo poi dal Rinascimento poi dall'Illuminismo ci ha reso ciò che siamo. Il socialismo si basa sul collettivismo. Il collettivismo nega l'individualismo. E chiunque neghi l'individualismo nega la civiltà occidentale».

* * *

Assunto: se Hayek ha torto ed io ho torto, se la similitudine tra la Sinistra e l'Islam non esiste, dimmi perché proprio durante i governi della Sinistra rossa e verde e rosa e bianca e arcobaleno la Triplice Alleanza ha consegnato l'Italia all'Islam. Dimmi perché proprio in quegli anni l'invasione islamica s'è rafforzata, stabilizzata, ed oggi gli immigrati sono in stragrande maggioranza mussulmani. (Almeno due milioni e mezzo cioè il 4,3% della nostra popolazione. Al Centro e al Nord, il 5,6%. Percentuale che eguaglia e talvolta supera quella delle città inglesi o francesi o tedesche più invase). Dimmi perché proprio in quegli anni le moschee si sono moltiplicate e nelle moschee s'è preso a far documenti falsi, a collezionare materiale Al Qaida, a reclutare terroristi per mandarli in Bosnia o in Cecenia o in Afghanistan. Dimmi perché proprio in quegli anni le forze di polizia si sono ammorbidite, i prefetti e i questori si son messi a trattare gli immigrati con deferente cortesia, e i carabinieri hanno ricevuto l'ordine di non reagire quando il clandestino li insulta o li minaccia. Dimmi perché proprio in quegli anni i magistrati della Sinistra si son messi a proteggere i figli di Allah favorendo l'arrivo dei loro familiari, ostacolando le loro espulsioni, chiudendo un occhio sui casi di poligamia, e non di rado scarcerando per-difetto-di-procedura quelli in possesso di armi o di esplosivi. (Quei magistrati sono tanti ormai che, pur respingendo il ricorso d'un albanese condannato per aver portato in Italia una prostituta sedicenne, nel 2003 la Corte di Cassazione ha criticato la vigente Legge Bossi-Fini e lodato la defunta Legge Turco-Napolitano. Di quest'ultima ha detto che «aveva gettato le basi di una convivenza civile». Dell'altra, che «bada solo all'ordine pubblico ed interpreta in maniera unilaterale le normative europee»).

Dimmi anche perché, sempre in quegli anni, incominciarono a verificarsi tanti casi inaccettabili. Il caso del preside e degli insegnanti che in una Scuola Media della provincia di Cuneo dichiarano Giorno di Vacanza l'inizio del Ramadan, per esempio. O il caso dell'insegnante diessina che in una Scuola Media di La Spezia stacca il crocifisso dalla parete per compiacere lo scolaro islamico. (Uno scolaro appartenente a una famiglia di nomadi temporaneamente accampati nella zona). Il caso delle maestre arcobaleniste che in una Scuola Elementare presso Como cacciano il sindaco leghista perché, vestito da Babbo Natale, è andato a distribuire doni natalizi. («Vestendosi da Babbo Natale e portando quei doni egli ha commesso un gesto politicamente scorretto. Il Natale irrita gli alunni islamici e non deve essere considerato una festa religiosa» dissero le babbee). Oppure il caso della maestra che in una Scuola Elementare delle Puglie mette al bando il Presepe sicché, e sebbene i bambini piangano vogliamo-il-Presepe, vogliamo-il-Presepe, il sindaco diessino se ne congratula. Oppure quello dell'asilo in Val d'Aosta dove i genitori dell'unico bambino mussulmano informano la direttrice di non gradire nemmeno le canzoncine natalizie cantate in classe, e per incominciare "Tu Scendi dalle Stelle o Re del Ciel"... Elenco al quale bisogna aggiungere il caso che all'inizio del 2004 infangò una delle regioni più inguaribilmente rosse d'Italia cioè la Toscana, e in particolare la città che da mezzo secolo è schiava della Sinistra cioè Firenze. Insomma il caso della cosiddetta Via Italiana all'Infibulazione.

Via scoperta e sostenuta da un ginecologo somalo che da nove anni lavora alla Maternità di Careggi, il pubblico e glorioso ospedale fiorentino.

* * *

Parentesi. Lo sai, vero, che cos'è l'infibulazione? È la mutilazione che i mussulmani impongono alle bambine per impedir loro, una volta cresciute, (o ancor prima, se si sposano a nove anni), di godere l'atto sessuale. È la castrazione femminile che i mussulmani praticano in ventotto paesi dell'Africa islamica e per cui ogni anno due milioni di creature (cifra fornita dalla World Health Organization) muoiono per sepsi o dissanguamento. E lo sai, vero, in che cosa consiste? Consiste nell'asportare il clitoride cioè l'organo genitale situato nella parte superiore della vulva, quindi nel recidere le piccole labbra e nel cucire le grandi labbra lasciando soltanto una fessura per urinare. Nequizia che di solito viene compiuta dalla mamma con le forbici o col coltello, poi con un normale ago e un normale filo cioè senza strumenti sterilizzati, e senza alcuna forma di narcosi. Infatti in Europa la pratica è proibita dal Codice Penale e in Italia la Commissione Giustizia e Affari Sociali del Parlamento ha varato un progetto di legge che prevede condanne dai sei ai dodici anni di carcere per chiunque la esegua. Ma, a quanto pare deciso a salvare il principio non ad abolirlo, all'inizio dell'anno il suddetto ginecologo propose un compromesso che consiste nel sostituire con una «bucatura di spillo» l'asportazione del clitoride e delle piccole labbra nonché la sutura delle grandi labbra. «Si tratta di un intervento che richiede solo una ferita momentanea. Di una soft-infibulation, insomma, che consente di salvare il rito» spiegò «così la bambina può tornare subito a casa e festeggiare quella sorta di battesimo». Poi chiese l'imprimatur del diessino Presidente della Regione Toscana che invece di negarglielo tout court lo passò al diessino Assessore alla Salute che a sua volta lo passò al Presidente dell'Ordine dei Medici della Toscana nonché Vice-Presidente del Consiglio Sanitario Regionale nonché membro del Consiglio di Amministrazione dell'Agenzia Regionale di Sanità e del Centro Studi per la Salvaguardia e la Documentazione della Sanità Fiorentina nonché Presidente del Comitato Unitario delle Professioni in Toscana nonché Coordinatore della Società Medica Toscana, nonché Direttore della Rivista "Toscana Medica" nonché esponente della Commissione di Bioetica della Regione Toscana nonché estensore del Codice Deontologico dei Medici. E sai che cosa disse questo pluridecorato dal quale non mi farei curare neanche un'unghia incarnita? Disse: «I problemi deontologici vanno messi da parte onde rispettare questo rito antichissimo. Personalmente sono favorevole a che il progetto del collega somalo vada in porto». Non solo. Quando la leghista Carolina Lussana portò la faccenda alla Camera dei Deputati e parlando di barbara usanza sollecitò l'intero mondo politico ad intervenire, le colleghe del Centro-Sinistra la invitarono a chiudere il becco. E soltanto al momento in cui le proteste esplosero su scala nazionale il soft-infibulismo dei quattro venne bocciato. Il che non esclude affatto che, sottobanco, i problemi deontologici non possano ugualmente esser messi da parte.

Letterina. «Non-illustre presidente della Regione Toscana, non-illustre assessore alla Salute Pubblica della medesima, non-illustre ginecologo somalo della Maternità di Careggi, non-illustre presidente dell'Ordine dei Medici della Toscana etc., etc., etc. Sette volte eccetera. Non mi disturberò a spiegarvi che l'etica si basa sui principii, che i principii non si possono aggirare coi compromessi o con le furbizie, che quindi il punto non è rendere l'infibulazione meno dolorosa e meno pericolosa: il punto è proibirla, impedirla, punirla in qualsiasi modo essa avvenga. Visto che i principii voi li accantonate, che ad essi preferite i riti-antichissimi, spiegarvelo sarebbe inutile. Non mi disturberò nemmeno a ricordarvi che l'infibulazione è l'equivalente della castrazione ossia dell'altro "antichissimo-rito" che trasforma i galli in capponi, i tori in bovi, gli uomini in eunuchi. Che in Occidente si praticò per molti secoli allo scopo d'ottenere le voci-bianche, e che nel 1700 gli Illuministi riuscirono a far abolire bollandolo con la parola "barbarie". Suppongo che lo sappiate già. Per mio diletto mi disturberò invece a ricordarvi che esistono due forme di castrazione. Una cruenta ed una incruenta o soft. Quella cruenta avviene, in sostanza, nel modo in cui avviene l'infibulazione fatta con le forbici o col coltello. Consiste nell'asportare i testicoli come si asporta il clitoride. E per asportarli s'afferra ciascun cordone testicolare con una tenaglia a orli arrotondati, s'interrompe il flusso del sangue, e zac-zac! Cosa forse non dolorosa quanto il taglio del clitoride e delle piccole labbra o quanto la sutura delle grandi labbra, però molto spiacevole. Quella incruenta o soft consiste invece nell'eliminare i testicoli senza asportarli, cioè nell'atrofizzarli con sostanze chimiche. E costa poco dolore come la "bucatura di spillo". In entrambi i casi però gli effetti sono devastanti sia in senso fisico che psicologico, neurologico, mentale, caratteriale. Perché in entrambi i casi il castrato diventa obeso, perde la barba e i capelli e i

231

peli, perde i desideri sessuali e cade in preda a vio-
lentissime crisi isteriche o precocemente senili.
Peggio: la sua intelligenza si spenge. Degenera in
ebetismo o follia, e inutile che gorgheggi come un
angelo le lodi del Signore o gli assolo di Violetta
ne *La Traviata*. Quale essere umano non vale più
nulla, e per campare deve rassegnarsi a far l'eunu-
co in un harem dello Yemen o del Sudan. Appel-
landomi alla par-condicio io vi auguro dunque di
finire in un harem dello Yemen o del Sudan a fare
gli eunuchi. Tutti e quattro. Castrati, obesi, pelati,
rincoglioniti, uomini non più uomini. E non solo
ve lo auguro ma, a nome delle bambine mussulmane infibulate o da infibulare con le forbici o lo
spillo, nonché su incarico delle donne mussulmane che mi ringraziano e mi vogliono bene, mi of-
fro come giustiziere. Non col sistema "soft", sia
chiaro, ma con quello che richiede le tenaglie ad
orli arrotondati. Zac-zac! Zac-zac! Zac-zac! Zac-
zac!». *Fine della letterina e parentesi chiusa.*

* * *

Se Hayek ha torto ed io ho torto dimmi
infine perché, proprio negli anni in cui la Sinistra
rossa e verde e rosa e bianca e arcobaleno stava al
governo, in Italia l'immigrazione aumentò con un

crescendo inesorabile. Cioè perché alla fine del 1996 gli stranieri in Italia erano già saliti dall'1,6 all'1,9 per cento. Nel 1997, al 2,2 per cento. Nel 2001, al 2,4 per cento. E questo senza considerare i clandestini. Dimmi perché proprio in quegli anni i cosiddetti ricongiungimenti-familiari aumentarono con un crescendo altrettanto inesorabile. (Il 45 per cento dei nuovi arrivati, mogli rimaste in patria. Infatti fu allora che le nascite dei bambini stranieri presero a moltiplicarsi nel modo che sappiamo). Dimmi anche perché proprio in quegli anni nelle carceri il numero degli stranieri raggiunse il 10 per cento, e perché nel 1998 i clandestini crebbero del 13 per cento rispetto al 1997. Nel 1999, del 15,8 per cento rispetto al 1998. Nel 2000, del 23 per cento rispetto al 1999. Dimmi anche perché le loro espulsioni divennero una farsa. Cioè perché nel 1998 e 1999 cinquantaseimila espulsi per intimazione (cinquantaseimila su settantamila) rimasero in Italia e non furono arrestati. Dimmi anche perché passò la legge che nel caso dei clandestini non considerava reato il rifiuto di fornire le proprie generalità e rivelare il paese al quale appartenevano. Ma soprattutto dimmi perché proprio in quegli anni il delirio dell'antiamericanismo (un antiamericanismo che a conti fatti è semplice antioccidentalismo) crebbe in misura esasperata nonché direttamente proporzionale alla ricetta del pluriculturalismo predicato soltanto per i mussulmani. (Mai per i buddisti o gli induisti o i confuciani). Dimmi perché proprio in quegli anni i cosiddetti opposti estremismi rosso-neri s'accorsero d'essere due anime in un nocciolo e si misero a berciare insieme «God smash America, Dio sfasci l'America», o a schiamazzare insieme contro le «plutocrazie reazionarie dell'Occidente». Slogan, il primo, assai simile a quello che durante la Seconda Guerra Mondiale le Camicie Nere diffondevano portando sul risvolto della giacca un distintivo che ammoniva: «Dio stramaledica gli inglesi». Fraseologia, la seconda, uguale a quella che il 10 giugno 1940 Mussolini usò al balcone di Palazzo Venezia per la sua dichiarazione di guerra. «Itagliani! Scendiamo in campo contro le democrazie plutocratiche reazionarie dell'Occidente!».

E non è tutto.

CAPITOLO 12

Non è tutto in quanto a somministrare il veleno del filoislamismo anzi dell'islamismo sposato all'antiamericanismo anzi all'antioccidentalismo non sono le soldatesche della Triplice Alleanza e basta. I maestri e le maestre di scuola e basta, i professorini e basta, i parlamentari e basta, i preti e i vescovi e i cardinali e basta. Sono anche coloro che gestiscono il quotidiano lavaggio cerebrale degli italiani cioè i cosiddetti media. Ho sotto gli occhi le prime pagine dei giornali che il 15 dicembre 2003 annunciarono la cattura di Saddam Hussein. Ne scelgo uno a caso, e accanto all'arcinota immagine dello sconfitto col barbone arruffato che vedo? Un feroce messaggio antiamericano trasmesso attraverso una vignetta degna del mussolinesco Dio-Stramaledica-Gli-Inglesi. (O delle caricature con cui durante la Seconda Guerra Mondiale la stampa del regime sbeffeggiava Winston Churchill e Franklin Delano Roosevelt). Ritrae infatti un odioso Bush che ritto su un piedistallo da Giulio Cesare, in testa un'ampia corona d'alloro, leva la manaccia e divarica i ditoni in segno di vittoria. Seduto sulle sue spalle, un minuscolo Berlusconi che infilando la testina dentro quell'ampia corona divarica a sua volta le dita. E dov'è sistemato il feroce messaggio? Proprio dentro l'articolo con cui un brillante e onesto studioso (par-condicio) loda la lezione di civiltà che con l'incruenta cattura l'America ha dato all'Europa. Risultato: verso Saddam Hussein che ammazzava la sua stessa gente, la torturava, l'asfissiava coi gas, la sotterrava viva, ma che ora è vinto e si fa togliere i pidocchi nonché esaminare la bocca dal garbatissimo ufficiale medico dei Marines, il lettore prova una specie di pietà. (E dalla pietà alla simpatia il passo è breve). Verso il vincitore sul piedistallo prova invece una istintiva antipatia anzi una specie di ripugnanza, sicché l'articolo del brillante e onesto studioso lo leggerà col sopracciglio rialzato o non lo leggerà per niente.

Guardo o meglio riguardo anche il telegiornale che la sera del 15 dicembre 2003 la Rai mandò in onda, e che per caso registrai. Telegiornale nel quale, scandendo con voluttà la parola "impero", il corrispondente da New York informò gli italiani che al National Building Museum di Washington l'America aveva incoronato Bush "imperatore". Poiché il National Building Museum non è il Campidoglio e l'America non è un paese da re o imperatori, feci una piccola inchiesta e indovina che cosa accertai. Accertai che a quel museo Bush c'era andato per l'annuale concerto di beneficenza indetto dal Children National Medical Center, ossia l'ospedale dei bambini. Qui aveva tenuto un sermoncino sulle dolcezze del periodo natalizio ed era stato applaudito, sì, ma non aveva ricevuto neanche una medaglia di latta. Però, ne son certa, ad ascoltar le parole di quel giornalista molti italiani credettero che a Bush l'America avesse tributato davvero un omaggio imperiale. Che al National Building Museum di Washington lo avessero portato davvero in trionfo come un Giulio Cesare vincitore di Pompeo e ormai in diritto d'indossar la porpora, coniar monete con la sua effigie. Così in coloro che oltre al telegiornale videro la vignetta con l'ampia corona d'alloro, l'antiamericanismo crebbe di varie lunghezze. La sudditanza all'Islam, idem.

Un lavaggio cerebrale insieme rozzo e raffinato, ignorante ed educato. Il lavaggio della tecnica pubblicitaria. Su che cosa si basa, infatti, la tecnica pubblicitaria? Sugli schemi emblematici. Sulle fotografie, sulle battute, sugli slogan. Sulla grafica che attrae lo sguardo, sull'impaginazione che piazza al punto giusto la vignetta ingiusta. Sugli impatti visivi, insomma, sugli shock epidermici cioè irrazionali. Mai sui concetti, mai sui ragionamenti che inducono la gente a riflettere su un'idea o un evento. Pensa allo slogan Viaggio-della-Speranza, ormai più diffuso e martellante di quanto lo fosse il Liberté-Égalité-Fraternité di Napoleone. Pensa all'immagine del mussulmano annegato mentre in barca cercava di raggiungere Lampedusa. D'accordo, a volte il lavaggio cerebrale si basa anche su strategie che sembrano racchiudere un concetto, sollecitare un ragionamento. Sull'intervista straziante, ad esempio. Sull'articolo strappa-lacrime... Cos'è l'articolo strappa-lacrime? Semplice. È la storia del bambino iracheno o palestinese, mai israeliano, che rimane ucciso o mutilato per colpa di Sharon o di Bush. (Non per colpa di Arafat o Bin Laden o Saddam Hussein. E qui non invocare la par-condicio sennò ti taglian la lingua). Oppure è la storia del Marine scemo che in barba al regolamento sposa la ragazza di Bagdad in più le spiffera segreti militari, sicché il crudele esercito statunitense lo rimanda divorziato in Florida e la poveretta s'ammala di dolore. Oppure è la storia dell'intrepido nigeriano che per venire in Italia supera a piedi il Sahara. Lo supera sotto un sole cocente, sfidando i predoni, marciando per giorni lungo l'ex Via degli Schiavi. (E guai a te se ricordi che a vender gli schiavi erano le tribù africane quindi mussulmane, che a gestire il commercio degli schiavi erano i mercanti arabi, che a chiudere la Via degli Schiavi sarebbero stati i colonialisti francesi e inglesi e belgi, non i seguaci del Corano). Oppure è la storia di Ahmed o Khaled o Rashid che in Italia ha vissuto cinque anni da clandestino, che alla fine è stato espulso da uno sbirro incapace di misericordia, che ora sta di nuovo in Tunisia o in Algeria o in Marocco dove non ha nemmeno una ragazza. Peggio: non ha mai baciato una ragazza. Per baciarla deve sposarla, per sposarla deve avere i soldi, per avere i soldi deve tornare in Italia. Ergo vive nel sogno di sbarcare una seconda volta a Lampedusa e sta sempre sulla spiaggia dove ripete ossessivo: «Tornerò. Le leggi italiane non mi fermeranno. Tornerò». Poi annusa il vento che viene dalla Sicilia, se ne riempie i polmoni, mormora: «Respiro il profumo dell'Italia. Questo vento mi porta il profumo dell'Italia».

L'articolo strappa-lacrime è di solito una storia scelta bene e scritta bene, infatti. È un giornalismo elegante, commovente, ricco. Ai bordi della letteratura. Un giornalismo o meglio un'opera di seduzione, di persuasione. Una scienza che invece del ragionamento usa il sentimento. Infatti il lavaggio cerebrale che ne ricevi è in realtà un lavaggio emotivo. Però l'impatto è identico a quello del lavaggio cerebrale esercitato con la vignetta o la fotografia o lo slogan Viaggio-della-Speranza. Anzi è più profondo, più efficace. Perché toccando il cuore neutralizza le tue difese. Spenge la logica e al suo posto colloca una pietà analoga a quella che tuo malgrado provi a guardare Saddam Hussein sporco, disorientato, umiliato. Peggio: accende in te un malessere che lì per lì non sai definire ma poi definisci e allora un brivido ti corre lungo la schiena. Perbacco, pensi, sono un occidentale. Non porto mica il burkah o il jalabah, non appartengo mica a un mondo suddito del Dio che per niente compassionevole e per niente misericordioso paragona i cani-infedeli alle scimmie e ai maiali! Appartengo a un mondo civile, raziocinante. Un mondo che riconosce il libero arbitrio. Che al centro dell'Etica pone la Coscienza, il senso di responsabilità, il rispetto del prossimo anche se è un prossimo che non vale un fico... E pur sapendo che Ahmed-Khaled-Rashid non ha mai pronunciato la bella frase che il giornalista gli attribuisce, pur sapendo che con ogni probabilità Ahmed-Khaled-Rashid è un tipaccio uso a spacciar droga e forse un manovale di Al Qaida, pur sospettando che di ragazze ne abbia baciate parecchie, che magari ne abbia messe incinte due o tre, ti senti responsabile del suo destino. Avverti come una tentazione di salvarlo e quasi quasi vorresti affittare subito un motoscafo, precipitarti in Tunisia o in Algeria per caricarlo a bordo, portarlo a Lampedusa, qui telefonare al ministro che non mi ha consegnato in manette alla Svizzera e:

«Scusi, Castelli, non potrebbe ospitare questo infelice che ama il profumo dell'Italia e che non ha mai baciato una ragazza? Meglio, non potrebbe fargli sposare sua figlia? Meglio ancora, non potrebbe dargli il voto? Anche politico, ovvio, non solo amministrativo. E visto che c'è, non potrebbe farlo eleggere con la lista della Lega, in nome del pluralismo aiutarlo a diventar deputato o sindaco di Milano, e pazienza se il Duomo ce lo trasforma in una moschea, pazienza se al posto della Madonnina ci mette un minareto?». Reagisci, in breve, come reagii io la sera in cui il bisnipote del re nano cioè il rampollo della famiglia che aveva consegnato l'Italia a Mussolini e che per questo era stata cacciata dal patrio territorio nonché privata della cittadinanza, si fece intervistare alla televisione e con voce straziante esclamò: «Ah, che cosa darei per mangiare una pizza a Napoli!». Non era una gran battuta, no. Non aveva la poesia del Respiro-il-Profumo-dell'Italia. Quale argomento per farsi perdonare le colpe degli avi, infatti, mi parve assai debole. Mais chacun dit ce qu'il peut, ciascuno dice quel che può, sospirava Cavour quando gli riferivano le stronzate della Real Casa. E appartenendo a un mondo civile, evoluto, raziocinante, sia pure di malavoglia commentai: «Poveretto, che c'entra lui con le colpe degli avi. Lasciamogliela mangiare a Napoli la fottuta pizza!».

Reagisci a quel modo, sì. Subito dopo, però, t'accorgi che la tua coscienza è stata presa in giro. Beffata. Capisci che anche tu sei rimasto vittima del lavaggio cerebrale anzi emotivo, che per un istante anche tu ti sei addormentato. Così apri gli occhi e rivedi la realtà. Rivedi le infinite moschee che soffocano il din-don delle campane. Ad esempio la grande moschea di Roma dove si predica la Guerra Santa contro i medesimi che obbediscono al papale invito dell'accoglienza a oltranza. Rivedi i prepotenti che per pregare invadono le piazze di Torino e le strade di Milano sicché a certe ore lì non puoi camminare come a Marsiglia. Rivedi le Bozze d'Intesa con le loro richieste sfrontate e truffaldine. Rivedi l'impudenza dei capi islamici che nelle assemblee dei fascisti rossi e dei fascisti neri portano i saluti di Allah, elogiano la «resistenza» irachena, sputano sui morti di Nassiriya. Rivedi l'imam di Carmagnola che voleva trasformare la storica cittadina piemontese in una città esclusivamente mussulmana. Rivedi sua moglie che dice: «Vi conquisteremo partorendo figli, voi siete in crescita zero, noi ci raddoppiamo ogni anno, Roma diventerà la capitale dell'Islam». Rivedi la lettera del piccolo industriale che ti scrisse: «Io tengo quattro impiegati mussulmani e ho paura. Non scopriranno mica che mia nonna era ebrea?». Rivedi l'amica che due Pasque fa mandò le uova di Pasqua, le uova di cioccolata, ai cinque figli della tunisina installatasi con la suocera e i cognati e i cugini nella casa presso la sua. Uova che la tunisina restituì dicendo: «Per noi la vostra Pasqua è un'offesa. Noi i vostri regali di Pasqua non li vogliamo». Rivedi le coscienze spente o addormentate dai lavaggi cerebrali e capisci che in Italia l'ex-clandestino Ahmed-Khaled-Rashid non vuole tornarci per mangiar la pizza come il non-geniale rampollo di casa Savoia. Vuole tornarci per mangiare i nostri principii, i nostri valori, le nostre leggi. Sicché il profumo di cui parla non è un profumo di arance. Tantomeno, un profumo di ragazze da baciare. È il profumo della nostra identità da annullare, distruggere. E dico: «Giovanotto, di quel profumo è rimasto ben poco. Grazie ai tuoi connazionali ed ai miei, la maggior parte di esso è diventato fetore. Ma il poco che è rimasto non ti appartiene. Quindi gira largo. La ragazza da baciare va' a cercartela alla Mecca».

*　*　*

Il guaio è che deviarlo alla Mecca non serve più a nulla. Anche senza considerare la Politica del Ventre predicata da Boumedienne e dalla moglie dell'imam espulso, i giochi sono ormai fatti. Nemmeno Sobieski, l'eroico Sobieski che coi suoi

243

polacchi inneggianti alla Vergine di Czestochowa
contribuì quanto nessuno a respingere le orde di
Kara Mustafa giunto alle porte di Vienna, potrebbe disfarli. Guardati attorno. Leggi i giornali, ragiona. Fadhal Nassim, il tunisino ventiquattrenne
che lo scorso agosto saltò in aria con la sede dell'Onu a Bagdad, abitava in Eurabia. Viveva sulla
Costa Azzurra dove spacciava droga tra Nizza e
Mentone, e veniva spesso in Italia dove suo fratello
è ben noto alla Digos di Milano. Si chiama Saadi, il
fratello. E poiché milita con impegno nelle squadre di Bin Laden, poiché il patriarca della famiglia
Nassim dirige una moschea a Tunisi dove usa dire
«spero-che-tutti-i-miei-figli-muoiano-da-martiri»,
è lecito sospettare che a Milano questo Saadi non
ci stia per recitar Pater Nostri ed Ave Marie. Eppure la polizia non lo arresta. Non lo espelle. Non
lo disturba. (Se lo facesse, qualche magistrato di
cuor tenero interverrebbe subito a suo favore. Siamo in democrazia, perbacco! I tipi come me si
processano, si denigrano, ma i figli di Allah si trattano con riguardo, no?). Lofti Rihani, il tunisino
ventiseienne che lo scorso ottobre saltò in aria dinanzi all'hotel Rashid, sempre a Bagdad, viveva a
Milano. Per l'esattezza, nel casone di viale Bligny
dove settecento mussulmani alloggiano stipati nei
duecentocinquanta monolocali ora sotto mira dell'antiterrorismo. Dai rapporti della Questura risul-

ta che frequentava assiduamente la moschea di via Quaranta che i terroristi li arruola a dozzine. Eppure le nostre autorità non torcono loro un capello. Cristo! Si sa tutto su questi stinchi di santo ai quali la sinistra rossa o nera o rosa o verde o bianca o arcobaleno e Mortadella e l'emulo di Togliatti vogliono dare il voto nonché portare in Parlamento e in Senato e in Municipio. Si sa a che ora si alzano, a che ora si addormentano, a quali mense mangiano, con quali prostitute (di solito travestiti brasiliani, brutti sudicioni) s'accoppiano. Si sa a chi telefonano e da chi ricevono le telefonate. (Per il telefono hanno un amore profondo, una passione pari a quella che nutrono per il Corano e per l'esplosivo. Ma chi glieli dà i soldi per fare tutte quelle telefonate?!? Noi coi nostri sussidi statali?). Si sa in quali cantieri o ditte o case lavorino e non lavorino. Si sa perfino che i loro acquisti li fanno soltanto nei mercatini dei nord-africani perché Bin Laden gli proibisce di spendere soldi nei negozi degli occidentali. («Vietato dar soldi ai porci», è la parola d'ordine. E non chiederti chi sono i porci. Siamo noi, ovvio. Noi che ce li teniamo, che col denaro pubblico li assistiamo, li curiamo, gli istruiamo i figli). Eppure l'Italia continua ad essere il loro Quartier Generale. Il loro avamposto preferito dell'Eurabia, la base da cui partono con maggior frequenza per spargere la morte.

Ho messo da parte un articolo che riporta una telefonata intercettata dalla polizia lo scorso novembre. La conversazione tra il fratello d'un kamikaze appena morto, un certo Said, e sua madre. (Una di quelle madri che per beccarsi i soldi cioè il risarcimento-danni spingono i figli a saltare in aria. Uno di quei grassi avvoltoi che alla notizia dell'avvenuta morte ridono felici e ringraziano Iddio onnipotente e misericordioso). Lui parla da Milano. Lei da qualche città del Maghreb o del Medioriente. Ed ecco il testo. Fratello: «Mamma, felicitazioni per Said! Il nostro Said è diventato un martire!». Mamma: «Auguri, auguri!». Fratello: «Sei contenta, mamma?». Mamma: «Contenta, sì contenta! E non aver paura, fegato mio. Devi aver paura di Allah e basta. È Allah che ci mostra la retta via». Fratello: «Qui in Italia tutti lo ammirano e lo invidiano, mamma». Mamma: «Anche qui c'è tanta gente che si complimenta con me! Dio è grande. Ringraziamo Iddio, Allah akbar!». Poi il fratello informa la mamma che uno degli ammiratori di Said che stanno in Italia vuole mandarle ottomila euro in regalo. (Leggi «risarcimento-danni»). Il fatto è che lui sta per sposarsi, quattromila gli servirebbero per aggiustar la casa, e: «Mamma, non si potrebbe fare a metà?». La mamma esita, tergiversa. A quanto pare, è spilorcia. Non accetta sconti. D'un tratto però risponde va-bene, e allora il nubendo le chiede di spedirgli nel «solito modo» i documenti necessari a sposarsi. Nel «solito modo» perché-ha-problemi-con-lo-Stato-Italiano. (È clandestino, forse). Glieli chiede e subito aggiunge: «Comunque non preoccuparti, mamma. Non allarmarti. Col matrimonio aggiusto tutto. Sposo un'italiana!».

* * *

Sissignori, un'italiana. Una brava ragazza italiana (non si dice così?) che gli permetterà d'ottenere in quattro e quattr'otto la cittadinanza del nostro paese. Che gli partorirà tanti bambini da educare nel Corano. Che di sicuro s'è già convertita e già porta almeno il chador. Senza capire che quei quattromila euro per aggiustare la casa in cui andrà ad abitare grondano sangue. Il sangue della sua gente. Senza accorgersi che il suo mondo brucia. Va in fiamme col nostro passato, il nostro presente, il nostro futuro. E a proposito: c'è nessuno che abbia voglia di spenger l'incendio?

EPILOGO

La recidiva eresia è compiuta e Mastro
Cecco si prepara a salire, risalire, sul rogo. Non
quello della nostra civiltà che, ripeto, è già in atto.
Quello suo personale. È così pronto, povero Mastro Cecco anzi povera Mastra Cecca, che può im-
maginare sin d'ora l'autodafé con cui gli allievi di
Sigrid Hunke celebreranno il castigo. (Un autodafé col cerimoniale obbligato, mai modificato nei
secoli). Lo immagino a Firenze, in piazza Santa
Croce dove Messer Jacopo da Brescia mi bruciò
nel 1328 e dove nel 2002 l'ex-repubblichino di
Salò voleva fare lo stesso. Quindi ecco. La piazza
è colma, e a colmarla è una folla che non ha capito
bene chi sia il reo o la rea. Che cosa voglia, da che
parte si metta. In compenso sa che morirà fra atroci sofferenze, e la cosa diverte come una partita di
calcio. Sono colmi anche i balconi requisiti dalle
dame e dai cavalieri della Triplice Alleanza. Parlamentari, europarlamentari, extraparlamentari, ca-

pipartito, vescovi, arcivescovi, cardinali, ayatollah, imam, direttori di giornali, alti funzionari e funzionarie della Rai. Ciascuno di loro sventola una bandiera o una sciarpa arcobaleno e intanto le campane suonano a morto. Tacevano da un'eternità, le campane. Il pluriculturalismo le aveva zittite per riguardo al Profeta, ma visto che oggi si tratta di farle suonare a morto il sindaco di Firenze (diessino) ha elargito un permesso speciale. È un don-don assai cupo. Tanto più cupo in quanto si mischia alla brutta voce dei muezzin che latrano gli inevitabili Allah-akbar. E in questo scenario sfila il corteo, anima dell'evento. Ad aprirlo sono infatti i frati Domenicani che avanzano levando gli stendardi col motto «Iustitia et Misericordia» sormontato da un ramo d'ulivo. Per l'appunto, (trovo la preziosa notizia a pagina 78 de «L'Inquisizione in Toscana»), un ramo identico al ramo che simboleggia l'odierno raggruppamento dell'Ulivo. Dietro i frati Domenicani, i frati Comboniani che distribuiscono ai clandestini i «Permessi di Soggiorno in Nome di Dio». Poi i no-global con le elegantissime tute bianche disegnate dagli stilisti Politically Correct. Poi i kamikaze palestinesi, tunisini, algerini, marocchini, sauditi eccetera, con l'esplosivo alla cintura e la mamma che esibisce un lauto assegno in dollari. Poi il Grande Inquisitore che sfoggiando il kaffiah incede a cavallo d'un purosangue iracheno, e che stavolta non è Fra' Accursio. È il vescovo di Caserta. Dietro il vescovo di Caserta, i frati Picchiatori di Avanguardia Nazionale con lo sceicco Ahmed Yassin in carrozzella e la cicciuta nipote di Mussolini che tra le risate della folla avanza reggendo un cartello che dice «Partito del Nonno». Alle sue spalle, Mortadella e l'emulo di Togliatti che incedono a braccetto alzando un cartello su cui è scritto invece «Partito del Voto». Dietro di loro i frati Berciatori del Fronte Antimperialista, i Francescani d'Assisi che tengono per mano i magistrati di cuor tenero, e i quattro soft-infibulisti che obesi pelati rincoglioniti cioè castrati e ridotti a eunuchi gorgheggiano l'assolo di Violetta. «Amami, Alfreeedooo! Amami quanto io t'amooo!». Infine i giornalisti strappa-lacrime e i vignettisti mea-condicio che felici del mio ormai imminente martirio declamano a squarciagola il Requiem Aeternam. E in coda a tutti io che mi trascino scalza, esangue, consunta, nonché infagottata in un sambenito simile al burkah e ridicolizzata dalla mitra a pan di zucchero che m'hanno ficcato in testa. Accanto a me, l'Esecutore di Giustizia che stavolta non è Messer Jacopo da Brescia. È la capessa delle Brigate Rosse che ha ottenuto una licenza per buona condotta e che dopo avermi legato al palo mi chiede (rientra nel cerimoniale stabilito dal Sant'Uffizio) in quale religione desideri morire. Se rispondo in-quella-cattolica-apostolica-romana o meglio ancora in-quella-islamica, può esercitare infatti la misericordia alla quale alludono gli stendardi dei Domenicani Ulivisti. Cioè strangolarmi e bruciarmi morta. Se rispondo (come risponderò) con una pernacchia, invece no. E dichiarando che delle sue azioni lei risponde solo al proletariato-metropolitano mi brucia viva.

Lo immagino senza crederci troppo: sia chiaro. L'autodafé è una faccenda politicamente rischiosa per via dei crocifissi e delle campane, simboli troppo sgraditi al Dialogo Euro-Arabo, e l'esecuzione sommaria oggi è assai più di moda. Il colpo di rivoltella sparato dal brigatista filoiracheno, ad esempio. O la bomba lanciata dal fratello quasi milanese del kamikaze Said che grazie a ciò intasca gli ottomila euro per aggiustar la casa e sposar l'italiana. In tal caso, però, la Triplice Alleanza dovrebbe condannare il gesto. L'Unione Europea, lo stesso. Dudù Diène, pure. Il presidente della Repubblica sarebbe costretto a presenziare i miei funerali (funerali di Stato) nonché ad esprimer rammarico senza usare il mio cognome come aggettivo spregiativo. E tutto questo è da escludersi. Quindi penso che il castigo avverrà come Alexis de Tocqueville spiega a conclusione del suo intramontabile libro sulla democrazia.

* * *

Nei regimi dittatoriali o assolutisti, spiega Tocqueville, il dispotismo colpisce grossolanamente il corpo. Lo incatena, lo sevizia, lo sopprime con gli arresti e le torture, le prigioni e le Inquisizioni. Con le decapitazioni, le impiccagioni, le fucilazioni, le lapidazioni. E così facendo ignora l'anima che intatta può levarsi sulle carni martoriate, trasformare la vittima in eroe. Nei regimi inertemente democratici, al contrario, il dispotismo ignora il corpo e si accanisce sull'anima. Perché è l'anima che vuole incatenare, seviziare, sopprimere. Alla vittima, infatti, non dice: «O la pensi come me o muori». Dice: «Scegli. Sei libero di non pensare o di pensarla come me. E se la penserai in maniera diversa da me, io non ti punirò con gli autodafé. Il tuo corpo non lo toccherò, i tuoi beni non li confischerò, i tuoi diritti politici non li lederò. Potrai addirittura votare. Ma non potrai essere votato perché io sosterrò che sei un essere impuro, un pazzo o un delinquente. Ti condannerò alla morte civile, ti renderò un fuorilegge, e la gente non ti ascolterà. Anzi, per non essere a loro volta puniti coloro che la pensano come te ti abbandoneranno». Poi aggiunge che nelle democrazie inanimate, nei regimi inertemente democratici, tutto si può dire fuorché la verità. Tutto si può esprimere, tutto si può diffondere, fuorché il pensiero che denuncia la verità. Perché la verità mette con le spalle al muro. Fa paura. I più cedono alla paura e, per paura, intorno al pensiero che denuncia la verità tracciano un cerchio invalicabile. Un'invisibile ma insormontabile barriera all'interno della quale si può soltanto tacere o unirsi al coro. Se lo scrittore scavalca quel cerchio, supera quella barriera, il castigo scatta alla velocità della luce. Peggio: a farlo scattare son proprio coloro che in segreto la pensano come lui ma che per prudenza si guardano bene dal contestare chi lo anatemizza e lo scomunica. Infatti per un po' tergiversano, danno un colpo al cerchio ed uno alla botte. Poi tacciono e terrorizzati dal rischio che anche quell'ambiguità comporta s'allontanano in punta di piedi, abbandonano il reo alla sua sorte. In sostanza, quel che fanno gli apostoli quando abbandonano Cristo arrestato per volontà del Sinedrio e lo lasciano solo anche dopo la carognata di Caifa cioè durante la Via Crucis.

Chiariamo dunque questa faccenda. Né l'uno né l'altro castigo mi turba. La morte del corpo perché, più odio la Morte e la considero uno spreco della natura, meno la temo. (Sia in pace che in guerra, sia in salute che in malattia, con la Morte io ho sempre giocato a dadi e chi crede di spaventarmi con lo spettro del cimitero commette una grossolana sciocchezza). La morte dell'anima perché al ruolo di fuorilegge ci sono abituata. Più si cerca di imbavagliarmi anatemizzarmi scomunicarmi più disubbidisco, più mi irrobustisco. E questa recidiva eresia lo conferma. Mi turba, invece, l'invalicabile cerchio che gli italiani hanno tracciato intorno al Pensiero. L'insormontabile barriera all'interno della quale si può solo tacere o unirsi al coro delle condanne e delle menzogne che esprimono ossequio per il nemico e mancanza di rispetto per chi lo combatte. Sempre. Eccone un esempio che a colpo d'occhio può apparire insignificante, ma che in realtà è emblematico ed inquietante.

Quando nell'ottobre del 2002 pubblicai in Italia il testo della conferenza che avevo dato all'American Enterprise Institute di Washington, «Wake up Occidente» cioè «Sveglia Occidente», speravo che intorno ad esso si aprisse un dibattito. Era un testo sul sonno che ha narcotizzato l'Europa trasformandola in Eurabia, e meritava una discussione. Ma anziché un invito a ragionare, svegliarsi e ragionare, i collaborazionisti vi videro una formula guerrafondaia. Uno slogan razzista, xenofobo, reazionario, insomma blasfemo. Tutti. Perfino quelli del gayesco e ultracapitalistico mondo che fabbrica cenci miliardari, ossia il futile e frivolo ambiente della cosiddetta Haute Couture. Il gennaio seguente, infatti, un atelier romano presentò una collezione ispirata alla «Pace e Unità fra i Popoli». (Sic). Per l'esattezza, a dodici eroine della Storia cioè a dodici sante che, secondo l'incolto stilista, avevano contribuito in maniera determinante al trionfo del pacifismo. Giovanna d'Arco, ad esempio, che maneggiava la spada meglio di Gengis Khan e comandava un esercito. Isabella di Castiglia che i Mori li cacciava (giustamente) o li sterminava senza pietà. Maria Stuarda che tagliava la testa a chiunque si opponesse alla Controriforma. Caterina di Russia che era una nota tiranna e che per salire al trono aveva assassinato perfino il marito. Maria Antonietta che del prossimo se ne fregava nella misura che sappiamo. E via di questo passo. (In definitiva se ne salvavano soltanto due. Marilyn Monroe che come pacifista, però, non s'è mai distinta con particolari imprese o virtù. E Bernadette cui va l'unico merito d'aver portato il turismo a Lourdes). Comunque il punto non sta nell'oscena ignoranza che caratterizzava la scelta. Sta nel fatto che a controbilanciare le dodici sante vi fosse una tredicesima donna. Una creatura perfida e ignobile, un'istigatrice di guerre e discordie sulla cui identità l'atelier manteneva il più fitto mistero. Alla fine, comunque, il mistero svanì. Perché la creatura perfida e ignobile, l'istigatrice di guerre e discordie, apparve sulla pedana. E indovina chi era. Ero io che impersonata da una bionda dal piglio arrogante irrompevo con gli occhiali neri, il cappello nero (da uomo), i pantaloni neri (di cuoio), più una maglietta con l'esortazione «Wake up Occidente. Sveglia Occidente». E, sulla maglietta, un giubbotto militare letteralmente foderato di proiettili. Pallottole da venti millimetri cioè da mitraglia pesante.

L'invalicabile cerchio, l'insuperabile barriera, esiste anche in America. Lo so. Del resto Tocqueville individuò il tristo fenomeno studiando la democrazia in America, non in Europa dove i regimi gestiti dal popolo non esistevano ancora. Ed anche in America, minestrone dove bolle ogni tipo di verdura, l'ossequio al nemico raggiunge spesso vette grottesche. L'esempio più clamoroso lo fornisce il bellissimo monumento che fino allo scorso autunno stava dinanzi al Palazzo di Giustizia di Birmingham, capitale dell'Alabama. Un blocco di pietra con un gran libro di marmo aperto a metà, e sulle due pagine aperte i Dieci Comandamenti: genesi dei nostri principii morali. Gli abitanti di Birmingham ci tenevano molto a quel gran libro di marmo. E così il governatore, un brav'uomo assai amato dai neri che lì sono quasi tutti cristiani. Battisti, metodisti, presbiteriani, luterani, cattolici. Ma un brutto giorno i rappresentanti dell'esigua minoranza islamica si misero a mugugnare che i Dieci Comandamenti li aveva scritti l'ebreo Mosè, che esporli in pubblico favoriva la cultura giudaico-cristiana cioè quei battisti, metodisti, presbiteriani, luterani, cattolici. E i Politically Correct si schierarono con Allah. La protesta finì alla Corte Costituzionale, i salomoni della Corte Costituzionale sentenziarono che oltre a danneggiare il dialogo interreligioso il libro di marmo offendeva le norme su cui si basa la separazione tra Stato e Chiesa, e lo scorso autunno il bellissimo monumento venne rimosso in barba al governatore che rifiutava d'accettare l'oltraggioso verdetto. Quanto agli altri esempi, guarda: son tanti che per esporli tutti ci vorrebbe un'enciclopedia. Pensa ai cosiddetti radicals che come le babbee di Como vorrebbero abolire il Natale. Col Natale, il gigantesco abete che ogni 24 dicembre viene rizzato al Rockefeller Center di New York. Pensa ai presuntuosissimi e ignorantissimi divi che ad Hollywood vivono da sibariti e tuttavia recitano la commedia del terzomondismo, difendono Saddam Hussein, si convertono all'Islam. Pensa agli opportunisti che vestiti da professori infestano le università raccontando agli studenti che la cultura occidentale è una cultura inferiore anzi perversa. Pensa agli sciagurati che sostengono le filoislamiche porcherie della filoislamica Onu. Però e nonostante quel che accadeva all'epoca di Tocqueville, chi denuncia la verità non viene messo alla gogna. Non viene irriso, processato, punito, ritratto col giubbotto foderato di pallottole. In America l'ultima caccia alle streghe si svolse mezzo secolo fa con McCarthy, e gli americani se ne vergognarono tanto che non ci provarono più. In Europa invece, in Eurabia, il maccartismo trionfa. La caccia alle streghe è ormai regola di vita. Prima di tirare le somme devo dunque dirti che c'è dietro quest'amara realtà.

* * *

C'è il declino dell'intelligenza. Quella individuale e quella collettiva. Quella inconscia che guida l'istinto di sopravvivenza e quella conscia che guida la facoltà di capire, apprendere, giudicare, e quindi distinguere il Bene dal Male. Eh, sì. Paradossalmente siamo meno intelligenti di quanto lo fossimo quando non sapevamo volare, andare su Marte, cercarvi l'acqua. O riattaccarci un braccio, cambiarci il cuore, clonare una pecora o noi stessi. Siamo meno lucidi, meno svegli, di quando non avevamo quel che serve o dovrebbe servire a coltivare l'intelligenza. Cioè la scuola accessibile a tutti anzi obbligatoria, l'abbondanza e l'immediatezza delle informazioni, l'Internet, la tecnologia che rende la vita più facile. E il benessere che toglie l'assillo della fame, del freddo, del domani, che placa l'invidia. Quando questo bendiddio non esisteva, bisognava risolvere tutto da soli. Quindi sforzarci a ragionare, pensare con la propria testa. Oggi no. Perché anche nelle piccole cose quotidiane la società fornisce soluzioni già pronte. Decisioni già prese. Pensieri già elaborati confezionati pronti all'uso come cibo già cotto. «We are thinking for you. So you don't have to. Stiamo pensando per te. Così tu non devi farlo» dice l'agghiacciante scritta che ogni tanto lampeggia in un angolo dello schermo quando alla Tv scelgo il canale «Science and Science-fiction». Più o meno ciò che fanno i dannati computer (io li detesto) quando correggon gli errori e addirittura forniscono suggerimenti, così esentandoti dal dovere di conoscere la Consecutio Temporum e l'ortografia, nonché sgravandoti da ogni senso di responsabilità e portandoti all'ottusità.

Ergo, la gente non pensa più. O pensa senza pensare con la propria testa. Neanche per fare una somma o una sottrazione, una moltiplicazione o una divisione. Che del resto non sa più fare. Quand'ero bambina tutti sapevano fare le somme e le sottrazioni, le moltiplicazioni e le divisioni.

Tutti conoscevano la Tavola Pitagorica. Perfino gli analfabeti. Nei negozi degli alimentari c'era una stadera che dava il peso non il prezzo, così il bottegaio doveva calcolare con la propria testa il prezzo del formaggio che pesava un etto e venticinque grammi. O del pesce che pesava sei etti e trentanove grammi, o del pollo che pesava un chilo e duecentosettanta grammi. E lo calcolava. Velocissimamente. Perfettamente. Infatti se eri stupido non potevi gestire un negozio di ortolano o di pescivendolo o di macellaio. Oggi chiunque può. Perfino l'incolto che oltre a foderarmi di pallottole ignora chi fosse Giovanna d'Arco o Maria Stuarda o Maria Antonietta o Caterina di Russia. Perché al posto della stadera ha la bilancia elettronica che pensa per lui e che insieme al peso gli dà il prezzo. Negli altri mestieri, lo stesso. Quand'ero bambina i fornelli a gas e i fornelli elettrici li avevano i ricchi e basta. Per cuocere l'uovo, bollire l'acqua, dovevi usare il carbone cioè accendere il fuoco. Dovevi anche tenere il carbone acceso con il soffietto. Oggi no. Giri la manopola del fornello elettrico o del fornello a gas, e lui s'accende da solo. Senza fiammifero. Rimane acceso da solo, e ciò sarebbe una gran conquista se il tempo che risparmi tu lo impiegassi per pensare. Per ragionare su ciò che vedi, che ascolti, che leggi, ad esempio. Per sfruttare il tuo cervello nel campo delle idee, della coscienza, della morale. Per accorgerti che qualcosa di ciò che vedi e ascolti e leggi non va, nasconde un inganno o un'impostura. Invece no. Non lo fai perché...

Perché il cervello è un muscolo. E come ogni altro muscolo ha bisogno d'esser tenuto in esercizio. A non tenerlo in esercizio impigrisce, si intorpidisce. Si atrofizza come si atrofizzano le mie gambe quando per mesi e mesi sto a questo tavolino, sempre a scrivere, sempre a studiare... E atrofizzandosi diventa meno intelligente, anzi diventa stupido. Diventando stupido perde la facoltà di ragionare, giudicare, e si consegna al pensiero altrui. Si affida alle soluzioni già pronte, alle decisioni già prese, ai pensieri già elaborati confezionati pronti all'uso. Alle ricette che, come le bilance elettroniche o i fornelli a gas o i computer, l'indottrinamento gli somministra attraverso le formule del Politically Correct. La formula del pacifismo. La formula dell'imperialismo. La formula del pietismo, la formula del buonismo. La formula del razzismo, la formula dell'ecumenismo. La formula anzi la ricetta del conformismo cioè della viltà. Senza che lui se ne renda conto. Il fatto è che non può rendersene conto. Quelle formule e quelle ricette sono veleni incolori, insapori, indolori: polvere d'arsenico che ingerisce da troppo tempo. E niente è più indifeso quindi più malleabile e manipolabile d'un cervello atrofizzato, d'un cervello stupido, d'un cervello che non pensa o pensa coi cervelli altrui. Puoi ficcarci tutto, lì dentro. Dal Credere-Obbedire-Combattere alla verginità di Maria. Puoi fargli credere che Cristo era un profeta dell'Islam, che aveva nove mogli e diciotto concubine, che predicava l'occhio per occhio e dente per dente, e che morì a ottant'anni di raffreddore. Puoi convincerlo che Socrate era un siriano di Damasco, Platone un iracheno di Bagdad, Copernico un egiziano del Cairo, Leonardo da Vinci un marocchino di Rabat, e che tutti e quattro avevano studiato all'Università di Kabul. Puoi raccontargli che Bush è l'erede di Hitler e ogni sera legge il «Mein Kampf», che Sharon è così grasso perché mangia i bambini palestinesi in salmì, che la cultura islamica è una cultura superiore, e che senza di essa l'Occidente non esisterebbe. Puoi dargli a bere che il pluriculturalismo è l'imperativo categorico di cui parlava Emanuele Kant, che nel Corano sta la nostra salvezza, che le bandiere arcobaleno sono simbolo di pace e le persone come me simbolo di guerra. Non essendo più capace di pensare con la propria testa, nemmeno per accendere il fuoco o per calcolare che due più due fa quattro, quel cervello accetterà ogni bugia o stoltezza senza reagire. La immagazzinerà e la risputerà col medesimo automatismo con cui si gira la manopola del

gas o si cerca il prezzo del pollo sulla bilancia elettronica. Atrofizzato e basta? Dovrei dire loboto-
mizzato. La lobotomia è una castrazione mentale.
Consiste nel recidere le vie nervose che controlla-
no i processi cerebrali... Chi subisce la lobotomia
smette di pensare ciò che potrebbe pensare, diventa docile strumento nelle mani di chi pensa per
lui. E se chi pensa per lui è a sua volta lobotomiz-
zato, buonanotte al secchio.

* * *

Nel caso degli italiani l'amara realtà include anche genetiche colpe, intendiamoci. E la prima è quella che ci viene dalla millenaria abitudine
d'aver lo straniero in casa. Di considerarlo una
normale disgrazia, un infortunio della natura. Perché bando alle chiacchiere: sono almeno millecin-
quecento anni che lo straniero ci invade. Da Teo-
dorico in poi (489 dopo Cristo) tutti sono venuti.
Tutti! Ostrogoti, Visigoti, Longobardi, Franchi,
Mori. Normanni, Germani, Ungari, Vichinghi, di
nuovo Mori. Spagnoli, francesi, inglesi, tedeschi,
austriaci, russi, turchi cioè di nuovo Mori. Ch'io
sappia, soltanto i cinesi e i giapponesi e gli esqui-
mesi non ci hanno mai conquistato. (Però i cinesi
ci stanno facendo un pensierino, e i giapponesi gli

danno una mano). A farla breve, nel continente europeo non esiste contrada che abbia avuto tanti padroni quanti ne abbiamo avuti noi. E ciò ha sviluppato nei più una perniciosa capacità di sopportazione quindi di rassegnazione. Con la rassegnazione, un nefando allenamento alla sottomissione quindi al servilismo. Per capirlo basta vedere con quale entusiasmo gli italiani copiano gli altri anzi i difetti degli altri, incominciando da quelli degli americani che scimmiottano senza pudore anche quando li odiano come gli arcobalenisti. O con quale ossequio trattano i successi altrui o i prodotti altrui. «È musica dei Beatles!». «È cioccolata svizzera!». «È seta cinese!». «È birra tedesca!». (Una mia zia era convinta che la cera da scarpe inglese fosse migliore di quella italiana. E il suo giudizio nasceva esclusivamente dal fatto che si trattasse di cera fabbricata in Inghilterra). Basta anche vedere con quale umiltà subiscon le cafonerie dei turisti maleducati, gli insulti che i giornali stranieri rivolgono ai nostri capi di Stato, l'indifferenza o il sussiego con cui i leader stranieri ci trattano...

La seconda colpa, conseguenza della prima, sta nella loro atavica mancanza di fierezza. Atavica, quindi inguaribile, e riassumibile con la frase più sconcia che abbia mai insozzato la dignità d'un popolo. La frase della tarantella che i napoletani cantavano al tempo in cui gli spagnoli e i francesi si contendevano la loro città. «Francia o Spagna purché se magna». Per questo non si offendono quando gli immigrati islamici urinano sui loro monumenti o smerdano i sagrati delle loro chiese o buttano i loro crocifissi dalla finestra d'un ospedale. Per questo si son lasciati sempre occupare, smembrare, avvilire. Per questo a battersi sono sempre stati in pochi, il Risorgimento lo hanno fatto in pochi, la Resistenza l'abbiamo fatta in pochissimi. Per questo quando il nemico avanza, sia egli visigoto o ostrogoto o francese o austriaco o tedesco o turco o saraceno, i più stanno a guardare. Oppure gli offrono i loro servigi, diventano collaborazionisti. Traditori. La terza colpa, conseguenza della seconda, sta nella loro scarsa tendenza ad associare il coraggio con la libertà. «Il segreto della felicità è la libertà, e il segreto della libertà è il coraggio» diceva Pericle. Uno che di certe cose se ne intendeva. Ma anche questa è una faccenda che capiscono in pochi, che hanno sempre capito in pochi. Se l'avessero capita in molti, del resto, non avremmo avuto tanti padroni. Se la capissero in molti, oggi non saremmo una provincia dell'Islam anzi l'avamposto di quella provincia. E la libertà non si troverebbe in pericolo, e il paese non vivrebbe nella paura.

Devo usarla di nuovo questa parola che mi ossessiona, che fin dalle prime pagine ripeto quasi con monotonia. E non me ne scuso. Anzi ora ci affondo il coltello, aggiungo: paura di pensare, anzitutto, e pensando approdare a conclusioni che non corrispondono a quelle delle formule imposte attraverso il lavaggio cerebrale anzi la lobotomia. Paura di parlare, inoltre, e parlando esprimerc un giudizio diverso dal giudizio espresso e accettato dai più. Paura di non essere abbastanza allineati, ubbidienti, servili, e perciò di venir condannati alla morte civile con cui le democrazie inerti anzi inanimate ricattano il cittadino. Paura d'essere liberi insomma. Di rischiare, d'avere coraggio. Occhi negli occhi: oggi il coraggio è una merce di lusso, una stravaganza che viene derisa o considerata follia. La viltà è invece un pane che per pochi soldi si vende in ogni bottega. Come i prepotenti che quel pane lo vendono impacchettato nella carta del falso rivoluzionarismo, i più si muovono soltanto se a muoversi non rischiano nulla. O soltanto per seguire le lusinghe e gli equivoci dell'uguaglianza. Ciò va ovviamente a svantaggio della sentenza con cui Pericle definiva la libertà, e... Forse Tocqueville (torno per un istante a Tocqueville) si riferiva a noi italiani quando diceva che il matrimonio su cui si basa la democrazia, il matrimonio dell'Uguaglianza e della Libertà, non è un matrimonio riuscito. Che non è riuscito perché gli uomini amano la libertà assai meno dell'uguaglianza, e la amano assai meno perché sfociando nel collettivismo l'uguaglianza toglie agli individui il peso delle responsabilità. Perché non esige i sacrifici che esige la libertà, non richiede il coraggio che richiede la libertà, non ha bisogno della libertà. (Si può essere uguali anche nella schiavitù). Forse si riferiva a noi anche quando diceva anzi rammentava che col termine Uguaglianza la democrazia intende l'uguaglianza giuridica ossia l'uguaglianza espressa dal motto «La Legge è Uguale per Tutti»: non l'uguaglianza mentale e morale. L'uguaglianza di valore e di intelligenza e di onestà. Lo stesso, quando diceva anzi rammentava che in democrazia i voti si contano ma non si pesano. Sicché la quantità finisce col valere più della qualità, e i non-intelligenti finiscono sempre col comandare. Comandando, col rovinare l'unico sistema di governo possibile cioè la democrazia. Nonostante le sue pecche, le sue colpe, le sue ingiustizie, i suoi vizi di base, infatti, la democrazia non ha alternative. Se muore quella, la libertà va a farsi friggere.

Bè, Tocqueville diceva anche che non si deve essere troppo duri con chi ci legge. In particolare, coi propri compatriotti. Ma su ciò non sono d'accordo. «Medico pietoso non cura malattie» replicava mia madre quando, bambina, non volevo che mi disinfettasse una ferita con l'alcool puro. Brucia-mamma-brucia. In parole diverse, non è tacendo o cantando lodi immeritate che si invita la gente a fare l'esame di coscienza. Perché qui ci vuole un esame di coscienza, cari miei. Quello che nessuno vuol fare, osa fare. E stabilito questo, tentiamo di rispondere alla domanda più difficile che mi sia mai posta. La domanda: è ancora possibile spenger l'incendio? Abbiamo già perduto, noi occidentali, oppure no?

* * *

Forse no. Lo dico avendo negli occhi lo spettacolo che la notte di Capodanno, il Capodanno del 2004, New York ha offerto a Times Square. Si temeva un attacco nucleare, questo Capodanno, a New York. Il pericolo che il Ministero della Difesa indica col colore verde quando è basso, col blu quando è notevole, col giallo quando è grave, con l'arancione quando è gravissimo, col rosso quando è mortale, era giunto all'arancione e la città non aveva mai vissuto in tanto allarme. Truppe della Guardia Nazionale giunte da ogni parte dello Stato e in assetto di guerra, diecimila poliziotti messi a proteggere i luoghi più minacciati cioè i tunnel e i ponti e le sotterranee e i porti e gli aeroporti, elicotteri e aerei militari che

solcavano il cielo senza sosta, squadre di scienziati e di medici pronti a misurare le radiazioni e in
qualche modo a neutralizzarle. Nonché telegiornali che suggerivano di tener le finestre tappate e
la cassetta dei medicinali a portata di mano. Però
il presunto attacco nucleare non escludeva l'incubo di stragi compiute col metodo tradizionale
cioè con l'esplosivo, e in questo senso gli obbietti-
vi a maggior rischio erano tre. La Statua della Libertà, il Ponte di Brooklyn, e Times Square: la
piazza dove a mezzanotte d'ogni Capodanno i
newyorkesi si riuniscono a centinaia di migliaia.
Non a caso un detective del municipio m'aveva
detto: «Mi raccomando, la sera del 31 stia alla larga da Times Square. Se succede qualcosa lì, è una
carneficina che supera quella dell'Undici Settembre». Per tranquillizzarlo avevo dovuto assicurar-
gli che detesto stare nella ressa, che il pigia-pigia
mi dà la claustrofobia, sicché per Capodanno a
Times Square non ci vado mai e lo spettacolo di
mezzanotte l'avrei guardato alla televisione.

L'ho guardato. E accendendo la televisione m'aspettavo di veder poca gente. Non solo perché il pericolo era davvero grosso ma perché durante la settimana avevo seguito i preparativi e più
d'un luogo allestito per accogliere una festa m'era
parso un carcere all'aperto. Posti di blocco, torri
di guardia, cabine di metal detector. Sbarramenti,

transenne per delimitare i recinti dentro i quali i capodannisti controllati uno ad uno coi metal detector sarebbero stati racchiusi, corridoi per la truppa e i poliziotti a piedi o a cavallo... Non mancavano che i carri armati, perbacco, e chi vuol salutare l'Anno Nuovo in un carcere all'aperto? Invece c'era un milione di persone. La piazza non bastava a contenere la folla che aveva sempre contenuto e per almeno due chilometri la gente traboccava nelle arterie adiacenti cioè nella Settima Avenue e in Broadway. Sia in direzione di Battery Park che di Central Park. Per facilitare il controllo individuale molti erano giunti nel pomeriggio, e da ore stavano lì al freddo. La cosa più bella, comunque, non era nemmeno questa. Era l'allegria smodata e nel medesimo tempo calcolata che li elettrizzava, l'insolenza provocatoria con cui reagivano al rischio d'un altro Undici Settembre. Tutti portavano, infatti, un comico cappellino arancione fornito dal municipio. Tutti tenevano in mano un boccaccesco palloncino dello stesso colore. (Boccaccesco perché a forma di salsicciotto. Metafora un po' oscena che qui significa, diciamo, «Va' all'inferno»). E tutti cantavano il ritornello della nota canzone "New York, New York". Alcuni, nella versione originale: «New York is a wonderful town, è una città meravigliosa». Altri, in una versione improvvisata cioè modificata: «New York is a courageous town, è una città coraggiosa». L'unico a non cantare era il sindaco Bloomberg che ritto su un palco e pallido d'angoscia fissava i tetti dei grattacieli dove i tiratori scelti puntavano i fucili a cannocchiale. Oppure scrutava dentro i recinti in cerca degli scienziati con la valigetta per misurare le radiazioni. Il meglio, però, l'ho visto a mezzanotte. Perché mentre i fuochi d'artificio squarciavano il buio, ogni fuoco un boato così potente da farti temere che l'attacco stesse avvenendo davvero, le macchine da presa hanno inquadrato un giovanotto che si inginocchiava ai piedi d'una ragazza e con la mano sinistra le offriva un anello. Con la mano destra invece alzava un cartello sul quale aveva scritto a gran lettere: «Will you marry me? Vuoi sposarmi?». Dopo qualche secondo di stupore la ragazza s'è messa a baciarlo con avidità, e allora lui ha girato il cartello che sul retro conteneva le parole: «She said yes. Ha detto sì». Poi, a lettere più piccole e tra parentesi: «I knew she would say yes. Lo sapevo che avrebbe detto sì». Bè, è scoppiato il finimondo. Chi saltava, chi s'abbracciava. Chi ritmava Alleluja-evviva-Alleluja. Chi strillava: «Many children, tanti bambini, many children!». Come se l'Undici Settembre non fosse mai avvenuto, non fosse mai esistito. Ed io mi sono commossa. Perché era proprio una sfida, quel «many-children». Voleva proprio dire: «Noi non abbiamo paura». E perché non molto lontano c'era il gran vuoto lasciato dalle Due Torri. C'erano i tremila morti ridotti in polvere. I morti dell'Undici Settembre.

Commossa, sì. Io che con le lacrime non piango mai. E subito ho accantonato la brutta storia dei Dieci Comandamenti sloggiati dalla Corte Costituzionale di Birmingham, Alabama. Ho accantonato il pensiero dell'Albero di Natale che alcuni vorrebbero togliere dal Rockefeller Center. Ho accantonato il disprezzo che provo per i divi ultramiliardari e terzomondisti, per gli opportunisti vestiti da professori, per gli sciagurati che sostengono le filoislamiche porcherie della filoislamica Onu, per tutto ciò che in America non mi piace, e ho assaporato il sale della speranza. La stessa in cui ora mi cullo guardando le fotografie trasmesse dalle sonde che cercano la vita su Marte e guardandole penso: non possiamo perdere. Perché l'Islam è uno stagno. E uno stagno è una gora d'acqua stagna. Acqua che non defluisce mai, non si muove mai, non si depura mai, non diventa mai acqua che scorre e che scorrendo arriva al mare. Infatti si inquina facilmente, ed anche come abbeveratoio per il bestiame vale poco. Lo stagno non ama la Vita. Ama la Morte. Per questo le mamme dei kamikaze gioiscono quando i loro figli muoiono, dicono Allah akbar-Dio è grande-Allah akbar.

L'Occidente è un fiume, invece. E i fiumi sono corsi d'acqua viva. Acqua che defluisce continuamente e defluendo si depura, si rinnova, raccoglie altra acqua, arriva al mare, e pazienza se a volte straripa. Pazienza se con la sua forza a volte allaga. Il fiume ama la Vita. La ama con tutto il bene e tutto il male che essa contiene. La nutre, la protegge, la esalta, e per questo le nostre mamme piangono quando i loro figli muoiono. Per questo la Vita noi la cerchiamo ovunque, la troviamo ovunque. Anche nei deserti, anche nelle steppe, anche al di là della stratosfera, anche sulla Luna, anche su Marte. E se non ce la troviamo, ce la portiamo. In qualche modo ce la portiamo. No, non possiamo perdere. Però mentre me lo dico m'accorgo che tale ragionamento non nasce in realtà dalle fotografie fatte dalle sonde inviate su Marte. Non nasce dal nostro essere capaci d'andare nel cosmo, cercare la Vita, portare la Vita su un pianeta che a seconda delle orbite dista da noi cinquantasei o quattrocento milioni di chilometri. Nasce da ciò che ho visto la notte di Capodanno. Dai ridicoli cappellini arancioni, dai boccacceschi palloncini arancioni, dal giovanotto che malgrado il rischio d'un altro Undici Settembre chiedeva alla ragazza di sposarlo, dalla ragazza che rispondeva sì, dalla folla che in barba alla Morte strillava Alleluja-evviva-Alleluja. Many-children. Ed eccoci al punto.

Eccoci perché ciò che ho visto l'ho visto in Times Square. Non in Trafalgar Square o in Place de la Concorde o in Plaza Mayor o in Alexanderplatz o in Heldenplatz eccetera. Non in piazza San Pietro o in piazza San Marco o in piazza della Signoria o in piazza della Scala. E per spenger l'incendio l'America sola non basta. Non può bastare. L'America è forte, sì, e generosa. Così forte e generosa che negli ultimi sessant'anni di incendi ne ha già spenti due. Quello del nazifascismo e quello del comunismo. Ma quei due potevano esser spenti con gli eserciti o col ricatto degli eserciti. Coi cannoni, coi carri armati, con le bombe. Questo no. Perché, nonostante le stragi attraverso cui i figli di Allah ci insanguinano e si insanguinano da oltre trent'anni, la guerra che l'Islam ha dichiarato all'Occidente non è una guerra militare. È una guerra culturale. Una guerra, direbbe Tocqueville, che prima del nostro corpo vuol colpire la nostra anima. Il nostro sistema di vita, la nostra filosofia della Vita. Il nostro modo di pensare, di agire, di amare. La nostra libertà. Non farti trarre in inganno dai loro esplosivi. Sono una strategia e basta. I terroristi, i kamikaze, non ci ammazzano soltanto per il gusto d'ammazzarci. Ci ammazzano per piegarci. Per intimidirci, stancarci, scoraggiarci, ricattarci. Il loro scopo non è riempire i cimiteri. Non è distruggere i nostri grattacieli, le nostre Torri di Pisa, le nostre Tour Eiffel, le nostre cattedrali, i nostri David di Michelangelo. È distruggere la nostra anima, le nostre idee, i nostri sentimenti, i nostri sogni. È soggiogare di nuovo l'Occidente. E il vero volto dell'Occidente non è l'America: è l'Europa. Pur essendo figlia dell'Europa, erede dell'Europa, l'America non ha la fisionomia culturale dell'Europa. Il passato culturale dell'Europa, l'identità culturale dell'Europa, i lineamenti culturali dell'Europa. Pur essendo nata dall'Occidente, pur essendo l'altro volto dell'Occidente, l'America non è l'Occidente che l'Islam vuol soggiogare. Non è l'Occidente dove Solimano il Magnifico voleva fare la Repubblica Islamica d'Europa. Per spenger l'incendio, dunque, ci vuole anzitutto e soprattutto l'Europa. Ma come si fa a contare su un'Europa che è ormai Eurabia, che il nemico lo riceve col cappello in mano, lo mantiene, e addirittura gli offre il voto?!? Come si fa a fidarsi di un'Europa che al nemico s'è venduta e si vende come una sgualdrina, che i suoi figli li islamizza e li rincretinisce e li imbroglia fin dal momento in cui vanno all'asilo? Un'Europa, insomma, che non sa più ragionare?

Il declino dell'intelligenza è declino della Ragione. E tutto ciò che oggi accade in Europa, in Eurabia, ma soprattutto in Italia è declino della Ragione. Prima d'essere eticamente sbagliato è intellettualmente sbagliato. Contro Ragione. Illudersi che esista un Islam buono e un Islam cattivo ossia non capire che esiste un Islam e basta, che tutto l'Islam è uno stagno e che di questo passo finiamo con l'affogar dentro lo stagno, è contro Ragione. Non difendere il proprio territorio, la propria casa, i propri figli, la propria dignità, la propria essenza, è contro Ragione. Accettare passivamente le sciocche o ciniche menzogne che ci vengono somministrate come l'arsenico nella minestra è contro Ragione. Assuefarsi, rassegnarsi, arrendersi per viltà o per pigrizia è contro Ragione. Morire di sete e di solitudine in un deserto sul quale il Sole di Allah brilla al posto del Sol dell'Avvenir è contro Ragione. È contro Ragione anche sperare che l'incendio si spenga da sé grazie a un temporale o a un miracolo della Madonna. Quindi ascoltami bene, te ne prego. Ascoltami bene perché, l'ho già detto, io non scrivo per divertimento o per soldi. Scrivo per dovere. Un dovere che ormai mi costa la vita. E per dovere questa tragedia l'ho guardata bene, l'ho studiata bene. Negli ultimi due anni non mi sono occupata d'altro, per non occuparmi d'altro ho ignorato perfino me stessa. E mi piacerebbe morire pensando che tanto sacrificio è servito a qualcosa. Che non ho fatto come quel padre che spiega a suo figlio dov'è il Bene e dov'è il Male ma invece d'ascoltarlo il figlio conta le formiche poi sbadiglia: «E cento! Erano cento». Nel mio «Wake up Occidente, sveglia Occidente» dicevo che abbiamo perso la passione, che bisogna ritrovare la forza della passione. E Dio sa se è vero. Per non assuefarsi, non rassegnarsi, non arrendersi, ci vuole passione. Per vivere ci vuole passione. Ma qui non si tratta di vivere e basta. Qui si tratta di sopravvivere. E per sopravvivere ci vuole la Ragione. Il raziocinio, il buonsenso, la Ragione. Così stavolta non mi appello alla rabbia, all'orgoglio, alla passione. Mi appello alla Ragione. E insieme a Mastro Cecco che di nuovo sale sul rogo acceso dall'irragionevolezza ti dico: bisogna ritrovare la Forza della Ragione.

Firenze, giugno 2003
New York, gennaio 2004

Questo libro va in stampa ventiquattr'ore dopo l'ennesimo attacco del terrorismo islamico all'Occidente: la strage dell'11 marzo a Madrid.

Oriana Fallaci

Finito di stampare
nel mese di aprile 2004 presso il
Nuovo Istituto Italiano d'Arti Grafiche-Bergamo

Printed in Italy